Hans Fink

Wer wen heiratet
Möglich und unmöglich im Märchen

Gießen
2023

Herstellung und Verlag: BoD – Books on Demand,
Norderstedt
ISBN: 9783757817961

INHALT

Das Vorhaben

In vielen Märchen, unglaublich vielen, ist die Hochzeit des Helden Höhepunkt und Endpunkt der Handlung. Oft genug steht sie unter einem schlechten Vorzeichen: Der Held und seine Braut sind einander nicht ebenbürtig. – Es handelt sich um eine Zwangsheirat unter dem Druck eines Elternteils. – Die Braut muss sich in die Ehe mit einem Mann fügen, der sie in einem Wettkampf überwunden oder auf andere Weise gedemütigt hat:

- sei es, dass er schlagfertiger war[1];
- sei es, dass sie ein von ihm vorgetragenes Rätsel nicht lösen konnte[2];
- sei es, dass er hinter das Geheimnis der zertanzten Schuhe kam[3];
- sei es, dass er sich vor ihr verstecken konnte[4].

Was nach der Hochzeit geschieht, erfahren wir in der Regel nicht, und die meisten Leute scheint das auch nicht zu interessieren. Nun hat ein Literaturwissenschaftler dieses Problem angeschnitten. Der Germanist und Märchenforscher Wilhelm Solms veröffentlichte im Jahre 2021 eine Studie über das Bild der Familie in der Märchensammlung der Brüder Grimm.[5] Ein Kapitel handelt von Brautwerbung und Hochzeit, ein anderes nimmt die Märchenehe unter die Lupe, ein drittes handelt von

---

[1]   Schlagfertiger als die Königstochter (AT 853). In: PAUL ZAUNERT (Hg.): Deutsche Märchen seit Grimm. Bd. 2, S. 179-182. AT – die übliche Abkürzung für den Katalog der Märchentypen von ANTTI AARNE und STITH THOMPSON.

[2]   Siehe KHM 22 „Das Rätsel" (AT 851). KHM – die übliche Abkürzung für die Grimm'sche Sammlung „Kinder- und Hausmärchen".

[3]   Siehe KHM 133 „Die zertanzten Schuhe" (AT 306).

[4]   Siehe KHM 191 „Das Meerhäschen" (AT 329).

[5]   WILHELM SOLMS: Die Familie in Grimms Märchen. Marburg: LiteraturWissenschaft.de, 2021.

Brautwerbung und Ehe im Schwank. An einer Stelle findet sich folgender Kommentar:

„Und wenn die Märchen mit Sätzen enden wie *und sie lebten vergnügt bis an ihr seliges Ende* (Das Mädchen ohne Hände), dann ist auch dies nicht die Feststellung einer Tatsache, sondern ein Versprechen. Denn mit der Märchenhochzeit lässt der Märchenerzähler den Vorhang fallen. Was hinter dem Vorhang bzw. nach dem Ende der Märchen geschieht, also der Ehe-Alltag, gehört – mit Ausnahme weniger Zaubermärchen – zu den Themen der Schwänke und wirkt dort ganz und gar nicht glücklich. Ob das Eheglück des Märchenpaars tatsächlich von Dauer ist, wie uns der Erzähler verspricht, bleibt also offen."[6]

Mich hat dieser Kommentar zu den Recherchen für das vorliegende Buch angeregt.

Laut Solms ist die Hochzeit ... *die höchste Form des Glücks, nicht nur für die Heldin und den Helden, einschließlich ihrer Partner, sondern ebenso für den Erzähler und seine Zuhörer oder Leser beiderlei Geschlechts. Dieses Glück wird nochmals gesteigert, wenn der arme Junge die einzige Tochter des Königs heiratet und damit zugleich die Herrschaft über das Reich und großen Reichtum gewinnt.*[7]

Ähnlich äußerte sich der rumänische Folklorist Ovidiu Bîrlea:

Die Entstehung des Märchens als literarische Gattung hängt mit dem Drang zusammen, zu zeigen, wie man das Leben auf der Erde nach gerechten Regeln ordnen soll, wobei der Gute belohnt und der Böse exemplarisch bestraft wird. Die Moral aus allen Märchen veranschaulicht die allgemeinste ethischen Norm: Das Gute siegt immer über das Böse. Um das zu veranschaulichen, beleuchtet das Märchen die häufigsten Konflikte innerhalb der menschlichen Gesellschaft seit jeher. Das Zaubermärchen widerspiegelt diesen Zug am deutlichsten. Trotz des Hintergrundes mit zahlreichen, oft verwirrenden wunderbaren Elementen, spiegelt das Zaubermärchen die großen Probleme der Gesellschaft wider, die Jahrtausende alt sind, und hat diese mit einer idealen Welt

---

[6]   Ebd., S. 79. Zaubermärchen sind Erzählungen, deren Held über Wünscheldinge oder magische Kräfte verfügt.

[7]   Ebd., S. 79.

verquickt, die frei von Gebrechen ist. Die Länge der Märchenhandlung entspricht den Maßen des irdischen Lebens, doch zum Unterschied vom Epos und vom Roman wird der Held bis zu seiner Hochzeit begleitet, die gewöhnlich mit dem Besteigen des Throns übereinstimmt, und damit nicht nur den Höhepunkt der Märchenhandlung darstellt, sondern auch die höchste Erfüllung, die man sich für ein Menschenleben vorstellen kann.[8]

Auf zahlreiche Texte treffen diese Einschätzungen nicht zu. Aus der Sicht der ehemaligen Zuhörerschaft mag es gerecht scheinen, dass ein Mann aus bescheidenen Verhältnissen die Königswürde erwirbt und den Thron besteigt, aber das ist nur die eine Seite der Medaille.

Das Märchenkonzept der Brüder Grimm. Wie die Brüder Grimm die Texte für ihre Sammlung besorgten, hat Generationen von Germanisten beschäftigt. Für den Laien ist das Ergebnis schockierend. Sie schöpften nicht (bzw. nicht selbst) aus der lebendigen Überlieferung, ein Teil der Texte stammte aus zweiter oder dritter Hand, ein anderer Teil aus schriftlichen Quellen. Manche Märchen wurden ihnen von den Nachkommen nach Deutschland geflohener Hugenotten mitgeteilt, wurzelten also in der französischen Folklore.

Jacob und Wilhelm Grimm nahmen sich die Freiheit, mehrere verwandte Überlieferungen zu einer Geschichte zu kombinieren. Das haben sie im dritten Band dokumentiert. Der Erfolg gab ihnen recht. Doch Wilhelm Grimm ging stillschweigend darüber hinaus – er dichtete hinzu und änderte am Text. Der letzte Absatz von KHM 21 „Aschenputtel" etwa wurde nach der ersten Ausgabe der Sammlung von Wilhelm Grimm erfunden und angehängt. Hier picken die Tauben den *falschen Schwestern,* die das Brautpaar auf dem Weg zur Kirche und auf dem Rückweg begleiten, die Augen aus. Das Märchen schließt mit einem moralisierenden Satz: *Und waren sie also für ihre Bosheit und Falschheit mit Blindheit auf ihr Lebtag gestraft.*[9]

---

[8]   OVIDIU BÎRLEA: MICĂ ENCICLOPEDIE A POVEŞTILOR ROMÂNEŞTI. S. 46.

[9]   WILHELM SOLMS: Die Familie in Grimms Märchen. S. 46-47.

(Das Aschenputtel-Märchen handelte ursprünglich von der individuellen archaischen Jugendweihe im Gehöft der Eltern.[10] Die Stiefmutter ist wie der Königssohn und der Gang zur Kirche eine spätere Hinzufügung.)

In vier der bekanntesten Märchen hat Wilhelm Grimm bei der Bearbeitung der Erstausgabe die böse Mutter durch eine Stiefmutter ersetzt.[11] Die Stiefmutter war eine soziale Erscheinung. Viele Männer blieben im Krieg, viele Frauen starben am Kindbettfieber oder an den Belastungen durch eine Vielzahl von Geburten und schwere Arbeit. Die Witwen und Witwer verehelichten sich aus praktischen Gründen ein zweites Mal, und dieses Phänomen hat sich in der Folklore niedergeschlagen. *Grimms Märchen*, vermerkt Solms, *haben aber dazu beigetragen, dass Frauen, die es auf sich nehmen, einen verwitweten Mann mit Kindern zu heiraten, als böse Stiefmütter angesehen werden.*[12]

In 48 Texten der Grimm'schen Sammlung ist von einem König, von einer Königin oder von Königskindern die Rede, Solms tut diese Besonderheit mit der Bezeichnung *Königskult* ab. Sie ist nicht auf das deutsche Märchengut beschränkt und erklärt sich durch das Bestreben der Erzähler, die Aufmerksamkeit des Publikums zu steigern. Man erkennt die Idealisierung anhand eines Vergleichs von mehreren Varianten. Beim Märchentypus <u>AT 402 „Die Katze als Braut"</u> ist der Held mal der Sohn eines armen Besenbinders (Hans und die Kröte[13], deutsch aus Lothringen), mal der Sohn eines Bauern (Die kleine weiße Katze[14], deutsch aus

[10] Siehe: Die individuelle Jugendweihe im Gehöft der Eltern. In: HANS FINK: Im verwunschenen Schloss, im verbotenen Zimmer. S. 65-68.
[11] WILHELM SOLMS: Die Familie in Grimms Märchen. S. 41.
[12] Ebd., S. 49-50.
[13] Dr Hons un die Krott (AT 402). In: ANGELIKA MERKEL-BACH-PINCK: Volkserzählungen aus Lothringen. S. 28-33, hier S. 28.
[14] De lütt wit Katt (AT 402). In: WILHELM WISSER: Plattdeutsche Volksmärchen. Bd. 1, S. 132-136, hier S. 132.

Holstein), mal der Sohn eines Müllers (Die verwunschene Katze[15], deutsch aus der Steiermark), mal der Sohn eines Königs (Die weiße Katze[16], rätoromanisch). Im slowakischen Märchen „Raduz und Ludmilla" (AT 313) sagt der König, der vier Kinder hat, eines Tages zu seiner Frau: „Du, mein Weib, wir sind zu zahlreich, wir müssen etwas unternehmen, sonst werden wir es nicht weit bringen. Weißt du was? Wir wollen einen unserer Söhne in die Welt schicken, er mag sich einen Dienst suchen und sich zurechtfinden, so gut er eben kann."[17] Dieser König überlegt eindeutig wie ein Handwerker – offenbar wurde er vom Erzähler gekrönt.

Die Brüder Grimm folgten dem Trend: Während der Junge im „Vogel Phönix" der Ausgabe 1812 die Federn für den *Verwalter* holen muss, wird aus diesem in der Fassung von 1819 ein *König*.[18]

Die erste [zweibändige] Ausgabe der „Kinder- und Hausmärchen" erschien 1812-1815, die Ausgabe letzter Hand (die siebente Ausgabe) im Jahre 1857. Vierzig Jahre lang hat Wilhelm Grimm die Texte immer wieder überarbeitet, nämlich ergänzt, verflüssigt, von anstößigen Ausdrücken gesäubert, mit Redensarten und Sprichwörtern angereichert. Infolgedessen stimmen diese Texte nur thematisch mit dem vormals überlieferten Volksgut überein.

Laut Johannes Merkel lassen sich drei Prinzipien festhalten, nach denen Wilhelm Grimm die aus mündlichen oder schriftlichen Quellen erschlossenen Vorlagen redigierte:

1. Mit der für eine Lesefassung erforderlichen ausschmückenden Schilderung wird die Märchenhandlung in ein romantisiertes und stereotypes Mittelalter versetzt.

---

[15]   Die verwunschene Katze (AT 402). In: VIKTOR VON GERAMB: Kinder- und Hausmärchen aus der Steiermark. S. 121-127, hier S. 121.

[16]   Die weiße Katze (AT 402). In: URSULA BRUNOLD-BIGLER (Hg.): Die drei Winde. S. 196-197.

[17]   Raduz und Ludmilla (AT 313). In: PAVOL DOBŠINSKÝ: Slowakische Märchen. S. 155-167, hier S. 155.

[18]   JOHANNES MERKEL: Hören, Sehen, Staunen. S. 457.

2. Anspielungen auf Sexualität werden umgedeutet oder ganz ausgeblendet, weibliche Protagonisten zu unschuldigen Mädchen oder bösartigen Hexen gemacht und überhaupt alles entfernt, was bürgerliche Moralvorstellungen hätte verletzen können.

3. Die Texte werden in einer Sprache stilisiert, die Mündlichkeit suggeriert, als kämen die Erzählungen, so wie sie im Buche stehen, unvermittelt aus dem Munde des „Volkes“.[19]

Die Ausgabe letzter Hand umfasst Tiermärchen, Brauchtumsmärchen, Alltagsmärchen, Legendenmärchen, Märchen mit Wichtelmännern und Lügenmärchen. Zu diesen tritt eine beachtliche Anzahl von Schwänken.

Die Brauchtumsmärchen. Seit dem Jahre 1946, als der russische Folklorist Wladimir Propp seine Abhandlung über die historischen Wurzeln des Zaubermärchens veröffentlichte[20], muss man zwischen zwei Kategorien von Märchen unterscheiden: solchen, die sich aus Erinnerungen an abgestorbene Bräuche bildeten, und solchen, die erfunden worden sind. An die abgestorbenen Bräuche erinnern zahllose Texte, aber sie haben keinen zusammenfassenden Namen. Solche Bräuche waren:
- die kollektive Jugendweihe im Rahmen der Buschschule;
- die individuelle Jugendweihe zwischen Dorf und Wildnis;
- die individuelle Jugendweihe im Gehöft der Eltern;
- die periodische Opferung einer Jungfrau, damit der Flussgott eine reiche Ernte gewähre;
- die mütterliche Erbfolge;
- der Kult um die sakralen Könige;
- die Altentötung.

Ich ergänze mit der Vorstellung der Naturvölker, dass Mensch und Tier urverwandt sind. Gemäß dieser Vorstellung ist ein Tier, sobald es sein Fell bzw. sein Federkleid oder seine Schuppenhaut ablegt, so beschaffen wie ein Mensch. Deshalb kann der Märchenheld ein Vogel-

---

[19]   JOHANNES MERKEL: Hören, Sehen, Staunen. S. 462-463.

[20]   VLADIMIR PROPP: Die historischen Wurzeln des Zaubermärchens. [Leningrad, 1946.] München und Wien: Hanser, 1987.

mädchen oder ein Robbenmädchen heiraten. Aus demselben Grund versteht er in etlichen Grimm'schen Märchen die Sprache der Tiere, ob es nun Ameisen sind, Bienen, Vögel, Fische oder Vierbeiner.

Das Märchen vom Schiff, das über Wasser und Land fährt (Aarne-Thompson 513 B), erinnert an einen im Mittelalter gepflegten Brauch, den Jacob Grimm dokumentiert hat.[21] Ein solches Schiff kommt im Märchen von der „Goldenen Gans" (KHM 64) vor.

Die archaische Jugendweihe im Rahmen der Buschschule strotzte von Grausamkeiten. Zunächst führte man die herangewachsenen Kinder zur Initiationshütte im Wald. Dort wurden sie geblendet, betäubt und an der Zunge verletzt, damit Zauberer und Hexe anschließend rituell ihre Augen, ihre Ohren und ihren Mund für das Leben als Erwachsener „öffnen". Während des Aufenthalts in der Initiationshütte wurden sie mit den Stammeszeichen tätowiert und auf mannigfache Art und Weise gemartert, damit ihr Denkvermögen getrübt sei und sie die vorgetäuschte Begegnung mit dem Tier-Ahnen, der sie angeblich verschlang und ausspie, sowie den Abstieg in die Unterwelt für wahr halten. Es folgte die Lehrzeit beim Sitz der Buschschule in einer abgelegenen kleinen Siedlung. Sie schloss Proben ein, die wahrscheinlich schlimmste davon war das Überleben in der Wildnis, wovon die Varianten des Märchentypus AT 710 „Marienkind" berichten (den Antti Aarne nach KHM 3 benannte).

Die späteren Erzähler besaßen keine Vorstellung von der Buschschule, sie wussten nicht, wovon sie sprechen. Teils mit Absicht, teils unbewusst glichen sie die Lebensumstände der Helden ihren eigenen Lebensumständen an. Nach und nach bildeten sich Märchen in der uns bekannten Form heraus, ein wunderliches Gemisch von Einzelheiten, in dem sich, innig verquickt, ein grausamer Brauch und Aspekte aus dem gesellschaftlichen Leben der frühen Neuzeit spiegeln. Man kann aus diesem Gemisch keine Schlüsse ziehen, die auf das Familienleben nach 1800 zutreffen. Deshalb ist es grotesk, wenn Solms aus KHM 26 „Rotkäppchen" zitiert, wie die Mutter das Mädchen ermahnt, nicht vom

---

[21] JACOB GRIMM: Deutsche Mythologie. Bd. 1, S. 214-218.

rechten Weg abzuweichen[22], denn das Verschlingen durch den Wolf entspricht einem archaischen Ritus der Aufnahme in den Stamm.[23]

Von den 200 Texten der Ausgabe letzter Hand enthalten 47 Motive, die Momenten der archaischen Jugendweihe entsprechen. In Teilen unseres Kontinents ist die Form der kollektiven Jugendweihe in der Späten Bronzezeit, vor ungefähr 3.000 Jahren, auf einem ausgedehnten Areal erloschen. In Mitteleuropa jedoch, gemäß der aktuellen Landkarte in acht Ländern und Südtirol, lebte der Brauch bis ins frühe Mittelalter fort, bis zur Ausbreitung des Christentums; dort hat er sich in den Sagen über hilfreiche Zwerge und Salige Fräulein niedergeschlagen. Ausläufer in Form der rumänischen und der ukrainischen Mädchen-Spinnstube überlebten bis ins 20. Jahrhundert.

Weil die Brüder Grimm nichts von der archaischen Jugendweihe ahnten, blieben ihnen viele Motive unverständlich.

Eine unvollständige Studie. Solms kommentiert die „Kinder- und Hausmärchen" so, als ob er nichts von Brauchtumsmärchen wüsste, als ob er nichts von der archaischen Jugendweihe ahnte, siehe seine Bemerkungen zu KHM 1 „Der Froschkönig", KHM 3 „Marienkind", KHM 9 „Die zwölf Brüder", KHM 12 „Rapunzel", KHM 21 „Aschenputtel", KHM 25 „Die sieben Raben", KHM 53 „Sneewittchen", KHM 108 „Hans mein Igel", KHM 153 „Die weiße und die schwarze Braut" u.a. Die (oft umgedeuteten) Motive stammen aus der Späten Bronzezeit, die moralisierende Bearbeitung durch Wilhelm Grimm aus der ersten Hälfte des 19. Jahrhunderts, deshalb dürften die Kommentare kaum überzeugen.

Obwohl ein Teil der Texte aus literarischen Werken stammt und Solms über die einschneidenden Änderungen durch Wilhelm Grimm Bescheid weiß, hält er in seinen Kommentaren an *Erzählern* als Quelle fest.

Es wird belegt, dass in den Märchen und Schwänken der Sammlung zahlreiche frauenfeindliche Aussagen vorkommen. Den Erzählern zufolge sind Frauen erst dann für die Ehe geeignet, wenn sie sich ihrem Mann unterworfen und damit auf ihr Glück oder ihre Zufriedenheit

---

[22]   WILHELM SOLMS: Die Familie in Grimms Märchen. S. 37.

[23]   HANS RITZ: Die Geschichte vom Rotkäppchen. S. 10-11. (Mit Berufung auf ANSELMO CALVETTI.)

verzichtet haben.[24] Mit dieser Grundhaltung hängen die schrecklichen Strafen für Frauen zusammen:

Während dem ungetreuen Bräutigam von seiner Braut sowie vom Erzähler rasch vergeben wird, muss die untreue Braut oder Ehefrau schwere Buße tun oder wird von ihrem Gemahl geköpft, von Steinen, die er zusammenbrechen lässt, erschlagen oder im Meer ertränkt.

Die Stiefmutter muss sich in glühenden Schuhen zu Tode tanzen oder sie wird von Schlangen getötet oder wie eine Hexe verbrannt. Die Schwiegermutter ebenso. Oder die Stiefmutter wird zusammen mit der Stiefschwester in einem Nagelfass zu Tode geschleift.[25]

Laut Solms wird dies alles vom Erzähler nicht beanstandet, manchmal sogar begrüßt. *Demzufolge ist der Erzähler nicht nur dem König unterwürfig, sondern auch frauenfeindlich, was die Beliebtheit der Märchen beim weiblichen Publikum aber nicht beeinträchtigt hat.[26]*

Woher diese Einsicht stammt, ist nicht vermerkt.

Wie Johannes Merkel ausführt, unterschied sich das, was Frauen in europäischen Dörfern erzählten, nur wenig von den Geschichten ihrer männlichen Kollegen: *Zwar wird gelegentlich von Unterschieden im Repertoire berichtet, Frauen waren in der Gascogne und den Pyrenäen anscheinend stärker auf Zaubermärchen spezialisiert, Männer auf „erotische und satirische Schwänke" (EM 1999, Bd. 9, Sp. 224/225). Für das Kriterium, welche Helden in den Geschichten bevorzugt werden, lassen sich jedoch kaum Unterschiede feststellen. Weder erzählten Erzählerinnen häufiger von weiblichen Helden – in den Geschichten beider Geschlechter überwiegen männliche Helden zu etwa zwei Dritteln -, noch zeichneten sie andere Rollenbilder als ihre männlichen Kollegen (EM 1987, Bd. 5, Sp. 212 und 216). Das dürfte wohl auf den Durchschnitt der europäischen Märchenerzähler zutreffen, kann in einzelnen Fällen aber durchaus anders ausfallen. Unter den von Tang Kristensen in Dänemark aufgezeichneten Märchen haben etwa die Hälfte der von Frauen erzählten Märchen eine weibliche Hauptperson, während das bei den von*

---

[24] WILHELM SOLMS: Die Familie in Grimms Märchen. S. 139.
[25] WILHELM SOLMS: Die Familie in Grimms Märchen. S. 137.
[26] Ebd., S. 137.

Männern gehörten Erzählungen nur für 15 Prozent zutrifft (Holbek 1990, S. 264). Demgegenüber ergeben die wenigen Sammlungen, die nachweislich und ausschließlich weibliches Erzählen im Orient dokumentieren, ein eindeutiges Bild. Hier überwiegen bei weitem jene Erzählungen, in denen Protagonistinnen im Mittelpunkt stehen: In den 46 Geschichten, die Monia Hejaiej hörte, geht es nur in 10 um einen männlichen Helden. In der umfangreichen Sammlung von Erzählungen arabischer Frauen, die El-Shamy zusammenstellte, steht nur in 8 von 61 Geschichten ein Mann im Mittelpunkt.[27]

Zufälle der Überlieferung. Merkel, der nicht viel von Propp hält[28], hat seine Rechnung ohne die gemischte Gruppe der Initianden gemacht. Abgesehen davon zog er nicht in Betracht, dass es im neuzeitlichen Europa männliche und weibliche Erzählgemeinschaften gegeben hat.

A) Eine ansehnliche Reihe von Märchen, deren Handlung sich einem Märchentypus des Aarne-Thompson-Katalogs zuordnen lässt, weicht vom Schema ab, indem die Rolle des männlichen Helden von einem Mädchen bzw. einer Frau besetzt ist und die Rolle des weiblichen Helden von einem Knaben bzw. einem Mann. Das Phänomen wurzelt in der identischen Behandlung der Zöglinge. Märchentypen mit solchen Ausnahmen sind: 303 A – 311 – 313 – 314 – 326 – 361 – 400 – 425 A – 451 – 675 – 923 – 930. Beispiele habe ich im Schlussteil aufgelistet.

B) Ich stelle mir vor, dass man etliche Märchen, ausgehend von der gemischten Gruppe der Zöglinge, wie sie bei AT 301, 303 A, 311, 313, 325, 400 u.a. greifbar ist, ursprünglich sowohl mit männlichen als auch mit weiblichen Helden erzählt hat und einerseits nach und nach der weibliche Held, anderseits nach und nach der männliche Held verdrängt und ausgebootet wurde. Möglicherweise hat das Erzählen vor ausschließlich männlichem Publikum bzw. vor ausschließlich weiblichen Zuhörern zu der Einseitigkeit geführt. Männliches Publikum: Hirten, Fischer, Seeleute, Holzfäller, Flößer, Bergarbeiter, Eseltreiber, Kameltreiber, Solda-

---

[27]   JOHANNES MERKEL: Hören, Sehen, Staunen. S. 266-267. EM – „Enzyklopädie des Märchens".

[28]   Ebd., S. 377-378.

ten, Arbeiter der Tabakmanufakturen, Kaffeehausbesucher. Weibliche Zuhörer: Erzählgemeinschaften der von der Außenwelt abgeschotteten Frauen, wie es im alten Athen der Fall war, Spinnstubengemeinschaften, Gruppen von Frauen bei Arbeiten wie Weinlese, Baumwollpflücken, Hopfenpflücken und Hanfbrechen, Gemüsehökerinnen (in Berlin) und Fratschlerinnen (in Wien).

Zu der thematischen Spaltung zwischen Märchen, die von Männern, und Märchen, die von Frauen erzählt wurden, hat Merkel anhand orientalischer Frauenmärchen Überlegungen angestellt. Er gelangt zu dem Schluss, dass in den Volkserzählungen des Orients Kämpfe und Konflikte, Liebe und Hass zwischen den Geschlechtern offener ausgetragen werden als im europäischen Märchen.[29] (Auf Märchen, die aus Erinnerungen an die einstige Buschschule entstanden sind, geht er nicht ein.)

---

[29]   JOHANNES MERKEL: Schehrezad und ihre Schwestern [Nachwort]. In: Ders. (Hg.): Löwengleich und Mondenschön. S. 123-139.

Der Bräutigam tritt
in die Sippe der Braut ein

Mehr oder weniger versteckt sind in etlichen europäischen Märchen Hinweise auf eine urtümliche Form der Verwandtschaft enthalten – auf die mutterrechtliche oder matrilineare Sippe, bei der die Zugehörigkeit nach der Mutter, Großmutter und Urgroßmutter angegeben wurde. Wenn ein Mann heiratete, wurde er in die Sippe seiner Frau aufgenommen und gliederte sich in die Hausgenossenschaft ihrer Eltern ein.

AT 313 „Der dem Teufel versprochene Königssohn". Im Märchen verlobt sich die Tochter von Zauberer und Hexe heimlich mit dem Königssohn und hilft ihm bei den „schweren Aufgaben". Zuletzt flieht sie mit ihm aus dem Machtbereich ihrer Eltern. Doch dann vergisst der Königssohn auf seine Helferin, weil er „eine andere Frau geküsst hat", und verschwindet aus ihrem Gesichtskreis, als er zum Wohnsitz jener anderen Frau übersiedelt. Die Verlobte aus dem Wald findet ihn erst nach langer, beschwerlicher Wanderschaft. Sie besticht die andere Frau durch kostbare Geschenke, damit sie in seinem Schlafzimmer übernachten darf, und kann zuletzt seine Erinnerungen wecken, dann ziehen sie gemeinsam heim.

Um die Märchenhandlung zu verstehen, muss man sich zahlreiche Einzelheiten hinzudenken.

Vormals verlobte man die Kinder bereits in der Wiege mit Kindern aus einer anderen, wenn möglich einflussreichen Sippe. Demnach waren die Eheleute etwa gleich alt. Diese Besonderheit wird in mehreren Varianten des Märchentypus AT 930 „Der reiche Mann und sein Schwiegersohn" vermerkt: Nach dem Kiebitzberg[30], deutsch aus Holstein; Die

---

[30]   Na 'n Kiwitsbarg [Nach dem Kiebitzberg] (AT 930 + 461). In: WILHELM WISSER: Plattdeutsche Volksmärchen. Bd. 1, S. 90-98, hier S. 90.

drei goldenen Haare von Vater Allwissend[31], tschechisch; Der Knabe im Sarg[32], ungarisch.

In der Buschschule hat man Knaben und Mädchen sexuell aufgeklärt. Den praktischen Teil der Aufklärung übernahmen im Falle der Knaben junge Frauen aus armen Familien. Es kam vor, dass eine Helferin und ein Initiand sich verliebten und ihr Verhältnis nach der Rückkehr ins Dorf gegen den Widerstand der zwei Sippen durchsetzten – jener des jungen Mannes und jener seiner rechtmäßigen Verlobten. Allerdings musste die Sippe des jungen Mannes die Sippe der rechtmäßigen Verlobten durch Geschenke entschädigen. Sie sind identisch mit den Kleinodien, die im Märchen zur Bestechung dienen, und zwar Arbeitsgeräte (wie Haspel, Webstuhl, Stickrahmen) und Kleintiere (wie Tauben, Ferkel, eine Glucke mit Küken). Im Märchen sind diese von Gold. Sie werden in Varianten des Märchentypus AT 425 A „Amor und Psyche" genannt, dessen Handlung streckenweise mit der Handlung von AT 313 übereinstimmt: Mit Hat-Prinz[33], rumänisch aus der Moldau, AT 425 C + A; Die Schlange des Alten[34], rumänisch aus der Walachei; Trandafiru[35], rumänisch aus dem Banat; Der Junge in der Schlangenhaut[36], rumänisch aus

---

[31]   Die drei goldenen Haare von Vater Allwissend (AT 930 + 461). In: JAROMÍR JECH (Hg.): Tschechische Volksmärchen. S. 120-127, hier S. 121.

[32]   Der Knabe im Sarg (AT 930 + 461). In: GYULA ORTUTAY (Hg.): Ungarische Volksmärchen. S. 322-339, hier S. 323.

[33]   „Cu HAT-PRINŢ" [Mit HAT-Prinz] (AT 425 C + A). In: OVIDIU BÎRLEA (Hg.): Antologie de proză populară epică. Bd. 2, S. 51-68, hier S. 62-65. Deutsche Kurzfassung Bd. 3, S. 420-422.

[34]   Şearpele moşului [Die Schlange des Alten] (AT 425 A). In: D. STĂNCESCU: Sur-Vultur. S. 138-143, hier S. 142-143.

[35]   Trandafiru (AT 425 A). In: ARTHUR und ALBERT SCHOTT: Rumänische Volkserzählungen aus dem Banat. S. 178-186, hier S. 181-185.

[36]   Der Junge in der Schlangenhaut (AT 425 A). In: ALEXANDER TIETZ: Märchen und Sagen aus dem Banater Bergland. S. 200-209, hier S. 204-207.

dem Banat; Die kleine Schlange[37], ungarisch aus dem Bihor-Gebiet; Vom Kalberlkönig[38], deutsch aus Ungarn; Der Schlangenbräutigam[39], serbokroatisch; Das Schlangenkind[40], albanisch.

Ein Webstuhl, und zwar der aufrechtstehende Gewichtwebstuhl, ist für die Hallstatt-Zeit belegt, die auf die Späte Bronzezeit folgte. In manchen Texten wird als Bestechung auch ein Spinnrad genannt, aber dieses Gerät gelangte erst gegen Ende des 12. Jahrhunderts n.Chr. aus dem orientalischen Raum nach Europa.

AT 502 „Der wilde Mann". Nach seiner Verbannung wird der Held von der Zauberer-Gestalt beherbergt, weil er ihr zur Flucht verholfen hat. So ist es auch in einer rumänischen Variante aus der Walachei (Der Blumenmann[41]). Eines Tages wird bekannt, dass ein Kaiser seine Tochter mit dem Burschen verheiraten will, der dieselben Körpermale aufweist, nämlich eine Sonne auf der Brust und einen Mond auf dem Rücken. Während der Held sich beim Blumenmann aufhielt, sind durch dessen Kunst auf seiner Brust und auf seinem Rücken eben diese Zeichen „gewachsen". Offenbar handelt es sich um Narben, die in der Buschschule eintätowiert worden sind, lange nachdem die Verlobung vereinbart worden war.

AT 850 „Die Körpermale der Prinzessin". Hier will der König seine Tochter dem Burschen zur Frau geben, der ihre Körpermale errät. Das vermag nur der Held, entweder weil die begehrliche Prinzessin selbst

---

[37]   A kis kigyó [Die kleine Schlange] (AT 425 A). In: IMRE FÁBIÁN: Eredeti népmesék Biharból. S. 211-217, hier S. 214-217.

[38]   Vom Kalberlkönig (AT 425 A). In: INGO REIFFENSTEIN (Hg.): Österreichische Märchen. S. 98-106, hier S. 103-106.

[39]   Der Schlangenbräutigam (AT 425 A). In: URSULA ENDERLE (Hg.): Märchen der Völker Jugoslawiens. S. 265-270, hier S. 267-269.

[40]   Das Schlangenkind (AT 425 A). In: J. G. v. HAHN: Griechische und albanesische Märchen. Zweiter Teil, S. 116-124, hier S. 120-124. – Auch enthalten in: SIGRID VON MASSENBACH (Hg.): Es war einmal ... S. 170-177, hier S. 175-177.

[41]   Omul de Flori [Der Blumenmann] (AT 502). In: BOGDAN PETRICEICU HAŞDEU: Omul de Flori. S. 100-109, hier S. 102.

ihm die Körpermale für je ein Geschenk gezeigt hat oder, und das kommt der historischen Wahrheit näher, weil sein Gönner, der Zauberer, sie ihm mitgeteilt hat. So ist es in einem rumänischen Text aus Siebenbürgen (Der Blumenvater[42]). In den europäischen Märchen haben die Körpermale das Aussehen von Sonne, Mond und Stern, weil sich in der Überlieferung, die von Mund zu Mund wanderte, 120 Generationen lang, nur die einfachsten Formen erhalten haben. Ein kompliziertes Muster hatte keine Chance. Der Brautvater dürfte nach der mythischen Bedeutung der Narben gefragt haben, da ein Initiierter Bescheid wissen musste.

Schließlich sei vermerkt, was Wladimir Propp aus mehreren Märchen ableitete: dass ein Bursche von Vertretern der Sippe seiner künftigen Frau initiiert wurde, genauer: *von totemischen Verwandten* seiner künftigen Frau.[43]

Glanz und Elend der Saligen

Auch die Sagen und Märchen von der Saligen-Ehe führen uns weit zurück in die Vergangenheit. Bei den Saligen Frauen dürfte es sich um Mitglieder von Frauenbünden handeln, wie sie in Westafrika bis ins 20. Jahrhundert bestanden haben. Jede Salige knüpft ihre Heiratszusage an eine Bedingung. Zwar lautet diese jeweils anders, doch wenn wir eine größere Zahl von Überlieferungen in Betracht ziehen, Sagen und aus Sagen gewachsene Märchen, kehren dieselben Forderungen wieder. Der Mann muss Folgendes versprechen: nicht zu schimpfen – nicht zu schlagen – keine Geliebte zu haben – keine Anspielungen auf die Mitgliedschaft im Frauenbund zu machen – der Frau einen Tag zu gewähren, an dem sie tun kann, was sie möchte. Damit zeichnen sich zwei Auffassungen von der Stellung der Frau ab. Offenbar stammen die Überlieferungen aus

---

[42]   Tata florilor [Der Blumenvater] (AT 502 + 850). In: ION POP RETEGANUL: Poveşti ardeleneşti. S. 259-266, hier S. 264-265.
[43]   VLADIMIR PROPP: Die historischen Wurzeln des Zaubermärchens. S. 129-131.

einer Zeit, als die Rechte der Ehefrauen nicht mehr selbstverständlich waren, sonst hätte der Mann ihre Einhaltung nicht eigens geloben müssen.

In der westlichen Sahara, bei den Mauren, war eine von den Bedingungen der Saligen-Ehe bis in unsere Tage Gegenstand eines förmlichen Abkommens zwischen Eheleuten. Dort wurde schriftlich und vor Zeugen ein Ehevertrag geschlossen, in dem sich der Mann verpflichtete, keine weitere Frau zu heiraten und seiner Frau unbedingt die Treue zu halten, weil sie sich andernfalls von ihm trennen würde. Obwohl der Islam dem Mann mehrere Ehefrauen gestattet, setzten die Maurinnen sich durch. Peter Fuchs hält dies für ein mögliches Erbe ihrer matriarchalischen berberischen Vergangenheit.[44]

Außerhalb der Alpenländer wurden Überlieferungen mit dem Motiv der Saligen-Ehe u.a. im Harz, in Südfrankreich, Wales, Irland, auf Mallorca, auf Korsika und auf dem Balkan aufgezeichnet. Eine irische Sage verbindet das Motiv mit einer Erklärung für das sogenannte *Männerkindbett* oder die *Couvade* (Die Side im Bauerhaus[45]). Bei diesem eigenartigen Brauch legte sich bei der Geburt eines Kindes auch der Vater ins Wochenbett. Der Brauch wurde in Europa, Asien und Südamerika beobachtet. Für die Wissenschaftler gilt er als eine formelhafte Ablösung des Mutterrechts über das Kind durch das Vaterrecht. Laut Martin Löpelmann liefert die genannte Sage einen Beitrag zum Verständnis des Kampfes zwischen den beiden Rechtsformen im alten West-Europa.[46]

Der Brauch des Männerkindbetts entwickelte sich aus dem wachsenden Selbstbewusstsein der Männer. Seine weltweite Verbreitung schließt die Möglichkeit aus, dass in Europa die Einwanderung der patriarchalisch organisierten Indogermanen den Anstoß gegeben hat.

In sämtlichen Überlieferungen mit dem Motiv der Saligen-Ehe befindet sich der Bauernhof (bzw. das Schloss) im Besitz des Mannes,

---

[44]   PETER FUCHS: Menschen der Wüste. S. 92-93.
[45]   Die Side im Bauerhaus. In: MARTIN LÖPELMANN (Hg.): Erinn. S. 111-117.
[46]   MARTIN LÖPELMANN: Erläuterungen und Anmerkungen. In: Ders. (Hg.): Erinn. S. 391-489, hier S. 439.

die Frau kommt von außen. In einigen Fällen bringt sie Vermögen in die Ehe, in anderen dient sie zunächst als Magd. Das ist ein Hinweis auf die damalige Organisation der Gesellschaft. Die Hausgenossenschaften sind bereits patriarchalisch, bei der Heirat ziehen die Mädchen aus der Hausgenossenschaft, der ihre Eltern angehören, in die des Ehemannes um.

Als der Mann sein Versprechen bricht, zieht sich die Frau zurück – sie verschwindet. Wenn sie kleine Kinder hat, kehrt sie noch eine Zeit lang heimlich wieder, um diese zu pflegen: Der Säugling wird gestillt, die älteren Kinder werden gewaschen und gekämmt. Dieses für die Erzählgemeinschaft rührende Verhalten erhält durch das Gewohnheitsrecht der Kpelle, eines Volkes im westafrikanischen Liberia, die juristische Begründung: Wurde die Ehe auf Antrag der Frau gelöst, dann verblieben die Kinder dem Manne; einen Säugling behielt die Mutter bis zur Entwöhnung, um ihn dann dem Vater zu übergeben.[47]

Wir dürfen annehmen, dass die Frau wirtschaftlich nicht von ihrem Mann abhängig war, denn andernfalls hätte sie bei ihm bleiben müssen. In einer walisischen Sage wird geschildert, wie die Frau, nachdem der Mann sie zum dritten Mal grundlos geschlagen, bei ihrem Auszug das gesamte Vieh mitnimmt, das sie in die Ehe gebracht hat (Die Frau aus dem See[48]) – ein Beleg für die Gütertrennung. Dieser Zustand – Gütertrennung – wird im irischen Epos „Der Rinderraub von Coolney" veranschaulicht, als Königin Medb und König Alill nach dem „Gespräch auf dem Kopfkissen" Umfang und Wert ihres Vermögens vergleichen.[49]

Offenbar fand die Salige Zuflucht und Aufnahme in einer anderen Gemeinschaft, sonst hätte sie nicht von Zeit zu Zeit wiederkehren können, um, wie in der Überlieferung geschildert, die Kinder zu pflegen. Wohin die Salige nach dem Zerwürfnis verschwindet, wird niemals

---

[47]   DIEDRICH WESTERMANN: Die Kpelle. S. 63.

[48]   Die Frau aus dem See. In: FREDERIK HETMANN (Hg.): Märchen aus Wales. S. 156-162, hier S. 161-162. – Auch enthalten in: FREDERIK HETMANN (Hg.): Roter Drache, grünes Tal. S. 29-35, hier S. 34-35.

[49]   Der Heereszug der Königin Medb gegen die Ulter. In: MARTIN LÖPELMANN (Hg.): Erinn. S. 160-203, hier S. 160-163.

mitgeteilt, die Erzähler wussten es nicht. Vermutlich zog sie sich in die Hausgenossenschaft zurück, in der sie aufgewachsen war.

In einer deutschen Sage aus dem Banater Bergland stellt Melusina folgende Bedingung: Von Samstag bis Montag will sie für sich sein, dann soll ihr Mann sie gänzlich in Ruhe lassen und nicht nach ihr fragen (Die Geschichte von der Melusina[50]). Hier überrascht der Graf seine Gattin während der von ihr ausbedungenen Freizeit in der Gesellschaft von mehreren Frauen, die zusammen baden, wobei ihm auffällt, dass alle einen Fischschwanz haben. Vermutlich handelt es sich um eine Zusammenkunft mit Mitgliedern des Frauenbundes, die Fisch-Masken trugen und einen rituellen Tanz aufführten.

Was innerhalb des Frauenbundes geschah, musste wie bei den Naturvölkern geheim bleiben, und in diesem Bestreben nach Geheimhaltung wurzeln mehrere Bedingungen: Der Mann soll nicht nach dem Namen fragen, wobei hier der Name gemeint ist, den die Frau im Bund hat (Die Seligen auf Runggallen[51], deutsch aus Tirol; Die Side im Bauernhaus[52], irisch). – Er soll seine Frau nicht auffordern, zu tanzen und zu singen, womit Tänze und Lieder aus dem Repertoire des Frauenbundes gemeint sind (Die Waldfee[53], deutsch aus dem Burgenland). – Er soll niemals versuchen, ihre nackten Schultern zu sehen, womit die Neugier nach den Bundesmarken gemeint ist (Die Fee vom Rizzanese[54], französisch aus Korsika). Vergleichen wir mit den Kpelle: Dort durfte sich eine

---

[50]   Die Geschichte von der Melusina. In: ALEXANDER TIETZ: Wo in den Tälern die Schlote rauchen. S. 501-503, hier S. 501. – Auch enthalten in: ALEXANDER TIETZ: Märchen und Sagen aus dem Banater Bergland. S. 314-317, hier S. 314-315.
[51]   Die Seligen auf Runggallen. In: HANS FINK: Eisacktaler Sagen, Bräuche und Ausdrücke. S. 224-225.
[52]   Die Side im Bauernhaus. In: MARTIN LÖPELMANN (Hg.): Erinn. S. 111-117, hier S. 112-113.
[53]   Die Waldfee. In: KÄTHE RECHEIS (Hg.): Sagen aus Österreich. S. 114-116.
[54]   Die Fee vom Rizzanese. In: J. B. FRÉDÉRIC ORTOLI: Die Steinsuppe. S. 110-112.

Frau nicht nach der Bedeutung der Narben auf dem Rücken ihres Mannes erkundigen. „Gibt sie aber auf eindringliches Fragen zu, sie zu kennen, so muss sie gestehen, von wem sie dieses Wissen habe, vom Vater, Mann oder Liebhaber; dieser wird daraufhin beim Häuptling angeklagt und hat eine Strafsumme zu zahlen."[55] In Europa war die Erinnerung an solche Einzelheiten längst verblasst, was zu Entstellungen führte: Der Mann dürfe die Frau nicht nackt sehen (Melusinen-Sage[56], französisch) – er dürfe sie nicht bei Kerzenlicht ansehen (Die Heirat mit der Hexe[57], italienisch aus Welschtirol).

Die Geheimhaltung ging so weit, dass die Frau sich ausbat, als *Wasserfrau*, *Fee* oder *Vila* bezeichnet zu werden, und ebenso wenig sollte der Mann anderen erzählen, dass sie eine Fee ist.

Obwohl viele Folklore-Sammlungen Sagen und Märchen über Salige enthalten, haben die Herausgeber der „Enzyklopädie des Märchens" ihnen keinen eigenen Artikel gewidmet, mit anderen Worten: Die zuständigen Erzählforscher haben das Wesen dieser Gestalten nicht erkannt. Unter dem Stichwort „Mahrtenehe" findet sich auch ein kurzer Text zum Motiv der Saligen-Ehe, in dem die Salige als dämonisches Wesen definiert wird.[58]

Jener Bewusstseinswandel, der sich im Brauch des Männerkindbetts äußert, hängt mit Veränderungen im Bereich der materiellen Produktion zusammen. Es hat mehrere solche Veränderungen gegeben.

Nachdem der von Rindern gezogene Pflug eingeführt worden war, vermerkt George Thomson, ging der Ackerbau in die Hand der Männer über (was übertrieben sein mag, da viele Arbeiten auf dem Feld nach wie vor von Frauen erledigt wurden). Er fügt hinzu, dass man diesen

---

[55]   DIEDRICH WESTERMANN: Die Kpelle. S. 233.
[56]   Melusinen-Sage. Siehe KARL HEISIG: Über den Ursprung der Melusinensage. In: FABULA. Bd. 3. [1960], S. 170-181, hier S. 171-172.
[57]   Die Heirat mit der Hexe. In: CHRISTIAN SCHNELLER: Märchen und Sagen aus Wälschtirol. S. 23-25.
[58]   ENZYKLOPÄDIE DES MÄRCHENS. Bd. 9, Spalte 47.

Vorgang in einigen Teilen Afrikas, in denen der Pflug eine Neuerwerbung darstellt, „noch heute" [d.h. um 1950] gut verfolgen kann.[59] Selbstverständlich kommt auch die Neulandgewinnung durch Roden in Betracht. In der Bronzezeit säte man nicht mehr zwischen den Baumstrünken, wie es die jungsteinzeitlichen Trichterbecherleute getan, sondern entfernte nach dem Fällen der Bäume das Wurzelwerk und verwandelte damit eine Fläche, auf der bis dahin Wald gewachsen war, für immer in Kulturboden. Genauso – die Wurzeln entfernen – lautet eine der „schweren Aufgaben" für den Helden von AT 313 „Der dem Teufel versprochene Königssohn". Die zwei für den Ackerbau wesentlichen Leistungen – Roden und Pflügen mit Rindern – dürften das Selbstbewusstsein der Männer gestärkt haben.

Ihr wachsender Einfluss in der Gesellschaft mag auch mit der Entstehung von Berufen zusammenhängen, die von Frauen nicht ausgeübt werden konnten, weil diese durch die Aufzucht der Kinder ans Haus gebunden waren.[60] Denken wir an die Töpferei mit Brennofen, an Bergbau, Metallverarbeitung, Salzsiederei, Bootbau und Fernhandel. Die gesellschaftliche Stellung der Frau dürfte durch die wirtschaftliche Entwicklung geschwächt worden sein, schon bevor die patriarchalischen Indoeuropäer in Gestalt der Urgriechen in die Balkanhalbinsel einwanderten.

In abgelegenen rumänischen Dörfern, wo die Zeit stehen geblieben war, hat sich ein Schimmer von der Macht des vorgeschichtlichen Frauenbundes bis in die nahe Vergangenheit erhalten. Laut Monica Brătulescu beherrschte die Mädchenschar die gesamte dörfliche Jugend *(ceata feminină dispunea de autoritate asupra întregului tineret sătesc)*.[61] Das ist auf den ersten Blick unverständlich, weil die Mitglieder 14 bis 18 Jahre alt waren und bloß drei bis vier Jahre in der Gruppe blieben. Brătulescu erklärt die Autorität der Mädchenschar durch deren

---

[59]   GEORGE THOMSON: Frühgeschichte Griechenlands und der Ägäis. S. 19. (Mit Berufung auf E. J. KRIGE: The Social System oft the Zulus. London, 1936.)

[60]   MICHAEL MITTERAUER: Historisch-anthropologische Familienforschung: Fragestellungen und Zugangsweisen. S. 292.

[61]   MONICA BRĂTULESCU: Ceata feminină. S. 54.

Einsatz für die vitalen Interessen beider Geschlechter und durch ihre Einstellung zur Heirat (was dazu führte, dass es im traditionellen rumänischen Dorf praktisch keine Ledigen gab[62]). Doch das reicht als Erklärung nicht aus. Offenbar verkörperte die Mädchen-Spinnstube nicht nur den Rahmen für die Jugendweihe, sondern vertrat auch den archaischen Frauenbund, der als Organisation nicht mehr existierte. Denken wir an den Zauber gegen Krankheiten – an das „Erfolgshemd" für die Toten – an die Regelung der Liebesbeziehungen zwischen Burschen und Mädchen – an die Bestrafung der Burschen, die ihre Verlobte sitzen ließen, durch Impotenz, eine drastische, grausame, aber von der Dorfgemeinschaft akzeptierte Strafe.

Im Süden der Balkan-Halbinsel verloren die Frauen ihre Rechte, nachdem dort die patriarchalischen Ur-Griechen eingezogen waren. Davon berichten die Sagen von Kekrops, dem zweiten König von Attika. Angeblich erlangte Kekrops den Königsthron, indem er die Tochter seines Vorgängers Aktaios heiratete.[63] Er soll die Ehe eingeführt haben. Vor seiner Zeit, so heißt es, war der Geschlechtsverkehr ungebunden, sodass weder die Söhne ihre Väter noch die Väter ihre Söhne kannten.[64] Während der Regierungszeit des Kekrops sollen die Frauen ihre angestammten Rechte verloren haben: Die Männer schlossen sie aus der Volksversammlung aus und erließen das Verbot, die Kinder weiterhin nach der Mutter zu benennen. Diese Umwälzungen ergaben sich aus dem Zusammenstoß zweier Gesellschaftssysteme. George Thomson präzisiert, dass es sich bei den Frauen um matriarchalisch organisierte Pelasgerinnen und bei den Männern um patriarchalische Einwanderer handelte. Er fügt hinzu, dass derart tiefgreifende Veränderungen *sich über einen langen Zeitraum* erstreckt haben müssen.[65]

---

[62] Ebd., S. 56.

[63] ROBERT VON RANKE-GRAVES: Griechische Mythologie. S. 85.

[64] GEORGE THOMSON: Frühgeschichte Griechenlands und der Ägäis. S. 105.

[65] Ebd., S. 215-216.

Wann jener Kekrops regierte, ist mangels schriftlicher Aufzeichnungen umstritten. Specht K. Heidrich meint, dass Kekrops vor der Deukalionischen Flut gestorben und der Beschluss zur Aberkennung des Stimmrechts nach der Flut gefasst worden sei.[66] Die Deukalionische Flut war eine vom Ausbruch des Vulkans Thera (oder Santorin) ausgelöste ungeheure Flutwelle, ein Mega-Tsunami. Der Ausbruch, eine richtige Explosion, ist um die Mitte des Jahrtausends erfolgt, wann genau, vermochte die Wissenschaft bisher nicht zu ermitteln.

Zum Unterschied von Attika herrschte bei den Lykiern im südwestlichen Kleinasien noch im 5. vorchristlichen Jahrhundert die Sitte, dass sich der Nachname einer Person auf die Mutter bezieht, nicht auf den Vater. Wenn man einen Lykier nach seiner Herkunft fragte, nannte er den Namen seiner Mutter und zählte deren weibliche Vorfahren auf. Der griechische Historiker Herodot vermerkt es als Kuriosum.[67]

***

Von den *Saligen Frauen* sind die *Saligen Fräulein* zu unterscheiden, die den Status von Initiandinnen der Buschschule haben und zur Kategorie der hilfreichen Zwerge gehören. Vom Erzähler werden die einen wie die anderen oft vereinfachend als *Salige* bezeichnet.

Sehen wir uns die Merkmale der Saligen Fräulein an: Sie hausen in dürftigen Unterkünften in der Nähe des Dorfes; bei strenger Kälte begeben sie sich in den Schutz eines Bauernhauses. – Sie können sich unsichtbar machen, d.h. sie schwärzen den Körper, um den Zustand des Todes anzudeuten, und sind dann konventionell unsichtbar. Durch schrittweisen Verzicht auf die Schwärzung kehren sie zum Leben zurück. – Sie helfen den Dörflern bei allen Arbeiten, wobei man sie mit einem Imbiss belohnt. – Von den Bauern werden sie mit Lebensmitteln versorgt. — Sie meiden den Kontakt zu Außenstehenden.

---

[66] SPECHT K. HEIDRICH: Mykenische Geschichten. S. 86, 127, 132, 135.
[67] HERODOT: Historien. [Erstes Buch, Abschnitt 173]. S. 78-79.

Erfundene Drachentöter

Damit der Flussgott eine reiche Ernte gewähre, opferte man ihm alljährlich eine Jungfrau. Jenes durch Los ermittelte Mädchen wurde am Ufer an einen Baum gefesselt; nachdem die Dorfbewohner abgezogen waren, ist es verhungert oder Raubtieren zum Opfer gefallen. In der Überlieferung erscheint der Flussgott als Drache oder als Schlange, was mit den Windungen des Wasserlaufs zusammenhängt, er war der personifizierte Wasserlauf. Im Märchen tritt eine Wendung ein: In dem Jahr, als das Los auf die Königstochter fällt, meldet sich ein Mann, der es mit dem Drachen aufnehmen will und ihn tatsächlich besiegt (AT 300 „Der Drachentöter").

Da es keine Drachen gegeben hat, entpuppt sich der Drachentöter als Erfindung. Vermutlich gaben die Menschen den Brauch auf, als sie schon imstande waren, den Ertrag der Felder durch künstliche Bewässerung zu gewährleisten. Mit Sicherheit geschah es nicht von heute auf morgen.

In der christlichen Legende tritt der Teufel als Drache auf und wird vom heiligen Georg besiegt. Die Domkirche meiner Heimatstadt Temeswar (rumänisch *Timişoara*), erbaut von 1736 bis 1774, ist dem heiligen Georg geweiht. Das riesige Altarbild zeigt, wie der Heilige, hoch zu Ross, mit seiner Lanze den Drachen durchbohrt.

Wir kennen ein Grimm'sches Märchen mit dem Motiv des Drachenkampfes, und zwar KHM 60 „Die zwei Brüder" (AT 303 + 300). Der jüngere Bruder stärkt sich durch einen Zaubertrank, findet ein Zauberschwert und besiegt den Drachen mit Hilfe seiner Meute. Seltsamerweise wird weder ein Fluss noch ein vom Drachen gesperrter Brunnen erwähnt.

Gemeinsam in der Buschschule

47 Texte der Grimm'schen Sammlung (also nahezu ein Viertel der Texte) enthalten Motive, die Momenten der archaischen Jugendweihe im Rahmen der Buschschule entsprechen. Mich führte die Analyse der Märchen von der Buschschule zu der Einsicht, dass die Absolventen untereinander heirateten, im Falle des Märchentypus AT 303 A „Sechs Brüder suchen sieben Schwestern zu Frauen" bildet diese multiple Verbindung die Kernaussage, wobei man in Betracht ziehen muss, dass die Initianden einander als Brüder bzw. als Schwestern betrachteten und auch so ansprachen.

Die Teilnahme an der archaischen Jugendweihe war ursprünglich verpflichtend. In der Initiationshütte verwandelten Stammeszauberer und Stammeshexe die Knaben und Mädchen rituell in Erwachsene. Von der Initiationshütte begaben sich die körperlich wie geistig geschwächten Knaben und Mädchen zu einem künstlich aufgeworfenen Hügel, von dessen Gipfel angeblich ein Schacht in die Unterwelt führte. Wer an dem Strick in die Tiefe geklettert war, befand sich vermeintlich bei seinen verstorbenen Ahnen. Deshalb schwärzten die Initianden ihren Körper zum Zeichen, dass sie gestorben sind, und setzten Tier-Masken bzw. Pflanzen-Masken auf, weil man der Meinung war, dass die Toten sich in Tiere bzw. in Pflanzen verwandeln. Nach einiger Zeit kehrten sie allmählich zum Leben zurück, was dadurch angedeutet wurde, dass sie schrittweise auf die Schwärzung verzichteten.

Wie lange der Aufenthalt in der Buschschule dauerte, wissen wir nicht. Bei manchen Naturvölkern beschränkte er sich auf einige Wochen, bei anderen erstreckte er sich über mehrere Jahre.

Die Zöglinge wurden mit den Pflichten und Rechten eines Erwachsenen vertraut gemacht, geschlechtlich aufgeklärt und handwerklich ausgebildet. Sie erlernten magische Praktiken sowie Tanzschritte mit vermeintlich magischer Wirkung.

Zu den Gehilfen von Zauberer und Hexe zählten mehrere Spezialisten, in den Märchen haben sie ausdrucksvolle Namen:

- der Fachmann für Holz, genannt *Baumspalter;*
- der Fachmann für Steine, genannt *Steinreiber;*
- der Fachmann für Erdarbeiten, genannt *Gebirgeplattmacher;*
- der Fachmann für Brücken und Wehre, genannt *Schnauzbartl;*
- der Fachmann für Dammbauten und das Umleiten von Wasserläufen, genannt *Flüsselenker;*
- der Fachmann für Bewässerung, genannt *Wasserantreiber;*
- der Fachmann für Metallarbeiten, genannt *Eisenkneter.*[68]

Solange die Buschschule existierte, durfte man in der Öffentlichkeit nicht über sie sprechen. Erst nachdem sie aus der sozialen Wirklichkeit verschwunden war, begannen die Menschen von dieser geheimnisvollen Einrichtung zu erzählen. In der Späten Bronzezeit, zwischen 1200 und 800 v. Chr., entstanden die Urformen vieler Märchen.

Seither, im Laufe von dreitausend Jahren, haben sich die Überlieferungen aus mehreren Gründen stark verändert, was ebenso viele Entstellungen bedeutet. Von größter Wirkung in diesem langen Prozess war die Umwertung des Ritus, auf die Wladimir Propp aufmerksam gemacht hat. Propp schreibt:

Der Ritus war für Kinder und Mütter furchterregend und entsetzlich, aber er galt als notwendig, weil der, der ihn durchlaufen hatte, etwas erlangte, was wir als magische Herrschaft über die Tiere bezeichnen würden, d. h. der Ritus entsprach den Verfahrensweisen einer primitiven Jagd. Doch wenn mit der Vervollkommnung der Werkzeuge, mit dem Übergang zur Landwirtschaft und mit einer neuen Gesellschaftsordnung die alten grausamen Riten als unnötig und verhaßt empfunden werden, kehrt sich ihre Spitze gegen die, die sie ausführen.[69] Während der Initiand in der Buschschule vor dem Schulleiter zitterte, tritt der Held des Märchens mutig zum Kampf gegen die Zauberer-Gestalt an und macht ihr den Garaus.

---

[68]   Siehe: Geschichten vom Starken Hans. In: HANS FINK: Was einmal war. S. 210-220, hier S. 213-218.
[69]   VLADIMIR PROPP: Die historischen Wurzeln des Zaubermärchens. S. 87.

Eine weitere auffällige Änderung besteht darin, dass der kollektive Held, der die Gruppe der Initianden vertritt, nach und nach zugunsten eines individuellen Helden verdrängt worden ist. In einer bulgarischen Variante des Märchens vom Zauberlehrling (AT 325) wird vermerkt, dass im Röhrenbrunnen des Teufels viele hier zusammengeholte Jungen und Mädchen waren (Iwantscho lernt des Teufels Handwerk[70]), in der Grimm'schen Variante dagegen erlernt nur ein Knabe die schwarze Kunst (KHM 68). – In der Grimm'schen Fassung des Märchens von den Prinzessinnen, die sich nachts an einem unbekannten Ort unterhalten, treten zwölf Mädchen auf (KHM 133), ebenso in einer rumänischen Fassung, die aus Siebenbürgen stammt (Die zwölf Kaisertöchter und das verzauberte Schloss[71]). In einer rumänischen Variante aus der Walachei dagegen hören wir von nur drei Mädchen (Die Kaisertöchter mit den zerrissenen Schuhen[72]), ebenso in einer russischen (Jelena die Allweise[73]), in einer anderen russischen von bloß zwei (Die nächtlichen Reigen[74]), und in einer griechischen aus Mazedonien (Die Königstochter, die ihre

---

[70] Iwantscho lernt des Teufels Handwerk (AT 325). In: KYRILL HARALAMPIEFF (Hg.): Bulgarische Volksmärchen. S. 173-180, hier S. 176.

[71] Cele douăsprezece fete de împărat şi palatul cel fermecat [Die zwölf Kaisertöchter und das verzauberte Schloss] (AT 306). In: PETRE ISPIRESCU: Legende sau basmele românilor. S. 214-226.

[72] Fetele de împărat cu pantofii rupţi [Die Kaisertöchter mit den zerrissenen Schuhen] (AT 306). In: D. STĂNCESCU: Sur-Vultur. S. 258-263.

[73] Jelena die Allweise (AT 306 + 329). In: ALEXANDER N. AFANASJEW: Russische Volksmärchen. Bd. 2, S. 555-561.

[74] Die nächtlichen Reigen (AT 306). In: ALEXANDER N. AFANASJEW: Russische Volksmärchen. Bd. 2, S. 690-692.

Schuhe zerschliss[75]) sowie einer usbekischen (Mochistara[76]) von nur einem.

Dass die Absolventen der Buschschule untereinander heirateten geht aus Märchen hervor, die zu verschiedenen Typen des Aarne-Thompson-Katalogs gehören.

AT 301 „Die drei geraubten Königstöchter" (auch bekannt als „Die Prinzessinnen in der Unterwelt"). Die Mädchen werden von Riesen oder Drachen oder Zauberern entführt und in die Unterwelt gebracht. Sie leben mit ihnen zusammen, ein Hinweis auf die rituelle Defloration. Als der König dem, der sie rettet, sein halbes Reich verspricht, machen sich mehreren Burschen auf die Suche; einer von ihnen, der Held des Märchens, dringt in die Unterwelt vor und befreit die Prinzessinnen. Die Fabel endet mit einer mehrfachen Hochzeit.

AT 303 A „Sechs Brüder suchen sieben Schwestern zu Frauen" (auch bekannt als Märchen vom „Mann ohne Herz"). Mehrere Brüder fassen den Entschluss, nur dann zu heiraten, wenn sie ebenso viele Schwestern freien können. Bloß in einer schleswig-holsteinischen Erzählung ist es umgekehrt – hier wollen sieben Schwestern nach Männern Ausschau halten, die Brüder sind (Text ohne Titel[77]). Das Eingangsmotiv wurzelt im witzigen Einfall eines Erzählers, der nichts mehr von der Buschschule wusste. Stattdessen ist anzunehmen, dass die Knaben und Mädchen einander von langer Hand versprochen waren. Die Brüder samt ihren Bräuten werden vom Mann ohne Herz in Steine verzaubert und vom jüngsten Bruder mit Hilfe der jüngsten Schwester erlöst. In der siebenbürgisch-sächsischen Variante, die Josef Haltrich aufgezeichnet hat, erscheint anstelle des Mannes ohne Herz eine Hexe (Von den zwölf

---

[75]   Die Königstochter, die ihre Schuhe zerschliss (AT 306). In: PARASKEVOS I. MILIOPULOS: Mazedonische Märchen. S. 63-77.
[76]   Mochistara (AT --- + 306). In: USBEKISCHE VOLKSMÄRCHEN. S. 183-224.
[77]   Text ohne Titel. In: KURT RANKE (Hg.): Schleswig-Holsteinische Volksmärchen. Bd. 1, S. 103-104.

Brüdern, die zwölf Schwestern zu Frauen suchten[78]). Daraus lässt sich ableiten, dass Zauberer und Hexe in den Urformen des Märchens gemeinsam aufgetreten sind.

AT 400 „Der Mann auf der Suche nach seiner verschwundenen Gattin". Mehrere Burschen gelangen in ein Schloss mit verwunschenen Prinzessinnen. Diese sind geschwärzt oder haben Tiergestalt (Schweine, Rehe, Hirsche, Katzen, Schlangen, Fische; im Einzelfall Bärin, Füchsin, Maus, Ziege, Schaf, Räbin, Schlange, Kröte, Aal). In einer russischen Variante hat die verwunschene Jungfrau die Gestalt einer Birke (Die Birke und die drei Falken[79]). In einer ladinischen Variante steht die verwunschene Jungfrau bis zum Hals im Wasser (Der Schuster[80]). In einer slowakischen Variante sind die drei verwunschenen Schwestern unsichtbar (Vom tapferen Husaren[81]). Die Prinzessinnen werden erlöst, indem die Burschen gewisse Proben bestehen, die große Selbstbeherrschung erfordern, das geschieht in den sogenannten *Qualnächten*.

AT 313 „Der dem Teufel versprochene Königssohn". In einer schwedischen Variante heiratet der Held ein Mädchen, das er in der Meerburg kennenlernte (Der Königssohn und die Prinzessin Singorra[82]).

Der gemeinsame Besuch der Buschschule spiegelt sich in folgenden Grimm'schen Märchen:
KHM 69 „Jorinde und Joringel" (AT 405).
KHM 91 „Dat Erdmänneken" (AT 301 A).

---

[78] Von den zwölf Brüdern, die zwölf Schwestern zu Frauen suchten (AT 303 A). In: JOSEF HALTRICH: Sächsische Volksmärchen aus Siebenbürgen. S. 177-180.

[79] Die Birke und die drei Falken (AT 400). In: ALEXANDER N. AFANASJEW: Russische Volksmärchen. Bd. 2, S. 647-648.

[80] Der Schuster (AT 400). In: ULRIKE KINDL (Hg.): Märchen aus den Dolomiten. S. 13-15.

[81] Vom tapferen Husaren (AT 400). In: SAMO CZAMBEL: Die goldene Frau. S. 23-34.

[82] Der Königssohn und die Prinzessin Singorra (AT 313). In: HANS-JÜRGEN HUBE: Du alter Rieserhupf! S. 191-206.

KHM 92 „Der König vom goldenen Berg" (AT 400 + 518).
KHM 93 „Die Rabe" (AT 400 + 518).
KHM 166 „Der starke Hans" (AT 301 B).

Allerdings bedarf das oben gezeichnete Bild von der Buschschule einer Ergänzung.

Wie die Archäologen anhand von Gräberfunden festgestellt haben, war die soziale Differenzierung in Arm und Reich in Mitteleuropa schon in der Frühen Bronzezeit fortgeschritten. Dörfer gab es damals noch nicht, nur vereinzelte Höfe, dort lebten einerseits der Besitzer mit seinen Angehörigen, andererseits die Familien der Knechte und Mägde. Zu jedem Hof gehörte eine eigene Begräbnisstätte. Ausgrabungen im bairischen Lechtal haben Folgendes ergeben: Die Frauen der Hofbesitzer, anhand ihres kostbaren Bronzeschmucks identifiziert, stammten aus der Gegend von Halle und Leipzig bzw. aus der Gegend von Prag (was ihre Zähne verrieten). Wo und wen die Töchter der Hofbesitzer heirateten, ist nicht bekannt. Die Männer und Frauen ohne Bronzeschmuck stammten aus der nahen Umgebung.[83]

Meines Wissens hat dieser Brauch keine Spuren in der mündlichen Überlieferung überlassen.

Ein Apfelwurf entscheidet

Der König bzw. Sultan sieht ein, dass seine drei Töchter mannbar geworden sind. Er gibt jeder einen goldenen Apfel – den sollen sie von der Stadtmauer aus einem der noch ledigen Männer zuwerfen (AT 314 „Goldener"). So lautet die abgeschliffene Formel, neben der die Abweichungen als Entstellung anmuten, doch eben sie führen uns zum zugrundeliegenden Brauch. Was werfen die Prinzessinnen? Einen goldenen Apfel,

---

[83] Siehe die Sendung „Lebensverhältnisse in der Bronzezeit", ausgestrahlt im Rahmen der Sendereihe „Planet Wissen" (ARD) am 19. Dezember 2022.

der in ein rotes Taschentuch gewickelt ist (Dalai-Lama[84], slowakisch) –
ein goldenes Ei (Der Königssohn als Gärtner[85], finnisch) – eine goldene
Kugel (Der Prinz mit den goldenen Haaren[86], italienisch aus Welschtirol)
– ein Kopftuch (Das Wunderpferd[87], arabisch aus Nubien).

Das Motiv widerspricht der uns bekannten historischen Wirklichkeit, denn im Falle der Adeligen waren die Eheschließungen von dynas-
tischem und politischem Kalkül bestimmt. Wir könnten es als fantastisch
verwerfen, wenn es nicht durch den Hochzeitsbrauch der Ohendo, die im
Kongobecken leben, bestätigt würde. Bei ihnen ist es üblich, dass die
Verlobten am Tag der Eheschließung den Besuch der Buschschule nachweisen, indem sie den Mitgliedern der zwei Sippen ihre Zeugnisse zeigen, nämlich ein mit Symbolen beschriebenes Brettchen und – wenn es
der Fall war – ein für mutiges Verhalten verliehenes Tüchlein. Ein ver-
blüffender Fund! Die geografische Distanz spielt keine Rolle. Vermutlich gibt es Analogien auch bei Völkern in anderen Teilen der Welt, bloß
wurden sie noch nicht identifiziert.

Das Volk der Ohendo lebt im Norden der Kasai-Region, und zwar
in deren östlichem Teil, im Gebiet Kole. Dort ernähren sich die Menschen vom Fischfang und von der Jagd, z.T. auch vom Ackerbau. Die
Ohendo halten sich an das Gesetz der Exogamie, und die Familienzuge-
hörigkeit richtet sich nach dem Vater. Ihre soziale Organisation

---

[84]   Dalai-Lama (AT 314). In: PAVOL DOBŠINSKÝ: Slowakische
Märchen. S. 29-38, hier S. 34-35.
[85]   Der Königssohn als Gärtner (AT 314). In: FELIX KARLINGER
(Hg.): Märchen der Welt. Bd. 2, Mittel und Nordeuropa. S. 467-471, hier
S. 470.
[86]   Der Prinz mit den goldenen Haaren (AT 314). In: CHRISTIAN
SCHNELLER: Märchen und Sagen aus Wälschtirol. S. 42-47, hier S. 44-
45.
[87]   Das Wunderpferd (AT 314). In: ANDREAS und WALTRAUD
KRONENBERG (Hg.): Nubische Märchen. S. 55-62.

entspricht der Gentilordnung, denn die höchsten gesellschaftlichen Instanzen, die sie kennen, sind der Sippenrat und der Dorfrat.[88]

Noch Ende des 20. Jahrhunderts nahmen sowohl die Knaben als auch die Mädchen – allerdings getrennt – an einer sich über mehrere Monate erstreckenden kollektiven Jugendweihe teil.

Die Familie gab jedem Initiationskandidaten ein kleines Brett mit auf den Weg, auf diesem waren Symbole für den noch profanen Zustand des Knaben angebracht. Es war die Bestätigung dafür, dass die Familie den Knaben als reif für die Initiation angesehen und ihm die Teilnahme erlaubt hat. Die für die Jugendweihe Verantwortlichen besaßen ein ähnliches Brett. Auf diesem zweiten Brett vermerkte der Initiationsmeister die Ergebnisse der Initiation; er überreichte es dem Absolventen als Beweis für seinen Stand als Initiierter und als Symbol seiner gesellschaftlichen Zugehörigkeit.

Am Hochzeitstag musste der Bräutigam mit diesem zweiten Brettchen nachweisen, dass er die Jugendweihe bestanden hatte. Einer von den Notabeln aus der Familie des jungen Mannes lud den Vorsteher der Sippe ein, sich vor die Versammlung zu stellen, damit man ihm Fragen über den künftigen Gatten stellen könne. „Dieser kommt der Aufforderung nach und beantwortet die gestellten Fragen: Hat er sich der Initiation regelkonform unterzogen? Welche Fertigkeiten hat er im gesellschaftlichen Leben? Wie ist sein Charakter, wie verhält er sich in dieser oder jener Lebenslage? Wenn alle Antworten günstig ausgefallen sind, fordert der Würdenträger den Vorsteher der Sippe auf, greifbare Beweise für das Gesagte vorzulegen. Dieser nimmt jetzt einen Gegenstand aus Holz hervor, der *onkoka (Nabelschnur)* genannt wird. [...]" Es handelt sich um jenes zweite Brettchen, und das war der Beweis. Daneben gab es noch ein handliches Zeugnis, und zwar einen Teppich, *ojipojipo* mit Namen, als Beweis des Mutes während der Initiation. Falls der künftige Gatte als besondere Anerkennung den genannten Teppich erhalten hatte,

---

88   CLÉMENTINE M. FAÏK-NZUJI und HUBERT NGONGA-KE-MBEMBE: Les traces du Grande Signe. S. 23-26.

musste auch dieser vom Vorsteher der Sippe vorgezeigt werden. Das Ritual wiederholte sich bei der Familie der Braut.[89]

In unserer Überlieferung ist die Bedeutung der zwei Gegenstände längst verblasst. Statt zweimal, nämlich auf Seiten des Bräutigams und auf Seiten der Braut, kommt der kugelförmige Gegenstand nur einmal vor, doch weil die späteren Erzähler sich nicht abgesprochen haben, befindet er sich mal im Besitz des männlichen, mal im Besitz des weiblichen Helden. Trotzdem schimmert die ursprüngliche Bestimmung – als Beweismittel zu dienen – durch das bunte Flechtwerk der Überlieferung: Wer den Apfel vorzeigt, hat die Prinzessin befreit (AT 301) bzw. war auf dem Gipfel des Glasbergs (AT 530).

Von den späteren Erzählern wurden beide Gegenstände uminterpretiert oder in irreführende, fantastische Vorgänge eingesponnen.

AT 301 „Die drei geraubten Königstöchter": Die Prinzessinnen verwandeln die drei Drachenschlösser mit einer Zaubergerte in Äpfel. Die jüngste sagt dem Helden, er soll ihr Gerte und Apfel erst zurückgeben, wenn er dafür ihre Hand bekommt. Nach seiner Rückkehr in die Oberwelt berührt Eichenschreck den kupfernen, den silbernen und den goldenen Apfel mit den Gerten, worauf sie sich in Schlösser zurückverwandeln, und holt aus ihnen die von den Prinzessinnen geforderten Kleider (Eichenschreck[90], slowakisch, AT 650 A + 301 B). – Die jüngste Zarentochter gibt Iwan Morgenrot ein Tüchlein, wenn man das dreimal von links nach rechts schwenkt, rollt sich Kaschtschejs goldenes Schloss zu einem Ei zusammen. In der Oberwelt geht Iwan aufs freie Feld, legt das goldene Ei auf die Erde, schwenkt das Tüchlein dreimal von rechts nach links, und schon steht das goldene Schloss vor ihm. Er geht hinein und holt sich die von der Zarentochter verlangten Schnabelschuhe (Iwan Morgenrot[91], belorussisch, AT 301 A + 302 + 321).

---

[89]   CLÉMENTINE FAÏK-NZUJI: Die Macht des Sakralen. S. 164-168, Zitat S. 165.
[90]   Eichenschreck. (AT 650 A + 301 B.) In: PAVOL DOBŠINSKÝ: Slowakische Märchen. S. 239-260.
[91]   Iwan Morgenrot. (AT 301 A + 302 + 321.) In: DIE RÄUBER-NACHTIGALL. S. 174-186.

AT 530 „Die Prinzessin auf dem Glasberg": Gewöhnlich befindet sich der Apfel in der Hand der Prinzessin, die auf dem Glasberg sitzt; sie soll ihn dem Freier geben, der zu Pferd den Gipfel erreicht. Abweichend davon wechselt das Objekt den Besitzer in einer lettischen Variante in umgekehrter Richtung: Hier schenkt der tote Vater dem Dummerchen während der dritten Grabwache einen diamantenen Apfel, und auf dem gläsernen Berg wirft das Dummerchen diesen Apfel in den Schoß der Prinzessin (Die Prinzessin auf dem gläsernen Berg[92]). – In einer mecklenburgischen Variante reitet der Dummling Krischan beim dritten Anlauf bis auf die Spitze des Glasbergs und nimmt dort aus den Händen der Prinzessin einen goldenen Apfel und ein seidenes Tuch entgegen (Der Ritt auf den Glasberg[93]).

Dornröschen und ihr Prinz

Was sich hinter diesem bekannten Märchen verbirgt, wissen die wenigsten. Auch die späteren Erzähler wussten nicht mehr Bescheid, weshalb die Einzelheiten unterdrückt oder entstellt worden sind. Das Königspaar haben die Erzähler erfunden. Ebenso den Prinzen, der Dornröschen erlöst.

In der Späten Bronzezeit (und noch lange danach) versammelten sich die Sippenältesten an der Wiege eines Neugeborenen zu einer wichtigen Besprechung:

---

[92]   Die Prinzessin auf dem gläsernen Berg. (AT 530.) In: OJĀRS AMBAINIS (Hg.): Lettische Volksmärchen. S. 252-256.

[93]   Der Ritt auf den Glasberg. (AT 530.) In: BARBARA STAMER (Hg.): Märchen von Dornröschen und dem Rosenbey. S. 108-113, hier S. 111. Der Text beruht auf einer mündlichen Erzählung, die von Sigrid Früh bearbeitet wurde. Eine von SIEGFRIED NEUMANN veröffentlichte Fassung ist kürzer und weiß nichts von Apfel oder Tuch. Siehe: „Krischan und die Prinzessin auf dem Glasberg". In: Mecklenburgische Volksmärchen. S. 194-196.

- Sie wollten herausfinden, welcher kürzlich verstorbene Ahne in dem Kind wiedergeboren wurde. (Unser deutsches Wort *Enkel* bedeutet „kleiner Ahn". Die Sitte, einen Sohn auf den Namen des Großvaters, eine Tochter auf den Namen der Großmutter zu taufen, bestand in Europa bis ins 20. Jahrhundert.)
- Man musste überlegen, mit welcher einflussreichen Sippe man Verhandlungen über die Verlobung mit einem ihrer Nachkommen aufnehmen soll.
- Es galt zu klären, wer die Zahlung für die symbolische Aufnahme des Kindes in den Männerbund bzw. Frauenbund erledigt. (In diesem Kontext, so müssen wir uns vorstellen, kamen Einzelheiten der Jugendweihe zur Sprache, die sich in den Märchen erhalten haben.)[94]

Im Märchen treten die Sippenältesten als Feen in Erscheinung. Die Verwünschung der dreizehnten Fee bezieht sich auf einen wesentlichen rituellen Akt im Rahmen der archaischen Jugendweihe: Der Stammeszauberer und die Stammeshexe verwandelten die Teilnehmer in Erwachsene. Ihre Helfer stachen den Knaben und Mädchen ein Gift ein, um sie zu betäuben (man denke an die verhängnisvolle Spindel). Während diese bewusstlos im Grase lagen wie Steine, öffneten der Zauberer und die Hexe angeblich ihren Leib und ersetzten gewisse Organe. In manchen Teilen Böhmens überlebte dieser Ritus in Form eines Heischegangs bis ins 19. Jahrhundert. Um die Weihnachtszeit gingen weibliche Masken, die *Peruchten,* von Haus zu Haus, sie mimten an einem Burschen das Aufschneiden des Bauches und das Ersetzen der Gedärme mit Erbsenstroh.[95]

---

[94] Siehe auch: Was die Schicksalsfrauen beschließen. In: HANS FINK: Was einmal war. S. 82-91.

[95] O. FRH. VON REINSBERG-DÜRINGSFELD: Fest-Kalender aus Böhmen. S. 105-106. – JOSEF HANIKA: „Bercht schlitzt den Bauch auf" – Rest eines Initiationsritus? In: HELMUT PREIDEL (Hg.): STIFTER-JAHRBUCH. 2. Jg., S. 39-53, hier S. 42, 43.

Die Dornenhecke erinnert an das kunstvoll angepflanzte Dickicht, mit dem sich die Ortschaften schützten, bevor man Mauern baute. Es hieß norddeutsch *Knick* (vom Knicken der Äste) und süddeutsch *Gebück* (vom Beugen der Zweige). Für diese Arbeit war der Fachmann für Holz zuständig, der *Baumspalter, Eichenfäller* oder *Tannenausreißer,* der gemäß den spezifischen Verrichtungen im Märchen auch anders heißt: *Baumdreher, Wiedendreher, Holzkrummmacher.* So ein Dickicht wuchs in Jahrzehnten heran und blieb jahrhundertelang funktional.

Zum Namen der Heldin Folgendes: Unsere Gartenrose stammt aus Persien. Sie gelangte im 7. Jahrhundert v.Chr. nach Griechenland und nach Italien. Die den Germanen bekannte Wildform hieß *hiufa, hiufaltra.*

Eine todernste Prinzessin

In der Buschschule wurden unsere Ahnen aus Tradition zu Jägern erzogen, auch als man schon Hackbau betrieb. Sie mussten lernen, Hitze und Kälte zu ertragen, Hunger und Durst zu verschmerzen, den Juckreiz zu unterdrücken. Ihre Abhärtung ging noch weiter: In den Varianten des Märchentypus AT 400 „Der Held auf der Suche nach seiner verschwundenen Gattin" soll der Held, um die verwunschenen Prinzessinnen zu erlösen, auch der Tanzlust widerstehen, den Geschlechtstrieb zügeln, seine Schläfrigkeit überwinden. Er darf nicht erschrecken, als vermeintlich wilde Tiere ins Zimmer stürmen, er darf nicht auf die vorgetäuschten Hilferufe seiner Eltern reagieren. Vermutlich war auch das Lachen verboten. Martin Gusinde, der die Jugendweihe bei den feuerländischen Yámana als Zögling erlebte, bezeugt es ausdrücklich:

Seinen Sitzplatz erhält der Bursche zwischen einem Manne und einer Frau zugewiesen; hingegen jedes Mädchen zwischen zwei Frauen, die treffend als „Paten" bezeichnet werden. Das „Patenkind" bleibt ihrer besonderen Obhut anvertraut, und demzufolge treten beide Teile in das gegenseitige Verhältnis einer geistigen Verwandtschaft. Beide Paten, zumindest einer, verweilen Tag und Nacht an der Seite ihres Schützlings, bewachen und belehren ihn, helfen ihm gelegentlich des Essens und der Nachtruhe, begleiten ihn überall hin und nehmen dessen Charakterfehler

in unnachgiebig eiserne Behandlung. Unheimlich ist jedem Prüfling zu-
mute, der sich in die tiefernste, stillschweigende Gruppe so vieler Er-
wachsener eingereiht sieht; die erschütternden Eindrücke in dem feier-
lich geschmückten Raume lassen ihn nicht zur Ruhe kommen.

Ohne Verzug beginnen die Paten ihres Amtes zu walten. Vorerst
bringen sie den Prüfling in die erforderliche Körperhaltung. Jeder hockt
auf dem mit Reisig überdeckten Erdboden, zieht die Knie an, verschränkt
seine Arme vor der Brust und hält den Kopf nach unten geneigt. Diese
Haltung zu verlassen ist nicht statthaft; noch viel weniger, sich zu dehnen
oder zu recken, sich anzulehnen oder niederzulegen. Auch beim nächtli-
chen Schlafe, der sich nicht über fünf Stunden ausdehnt, muss diese zu-
sammengekauerte Körperhaltung beibehalten werden; auf einer Seite
liegend genießt der Prüfling nicht die mindeste Bequemlichkeit. „Er soll
lernen, auch mit wenig Raum auszukommen!" sagen erklärend die Alten.
Kein Leser wird mir das Geständnis verübeln, daß mir solch erzwungene
Hockerstellung bald unerträglich wurde. Rettung suchte ich in einer Aus-
flucht, deren unsere Gymnasiasten sich bedienen, wenn im Klassenzim-
mer die bewußte dicke Luft herrscht: ich bat, auf die kleine Seite gehen
zu dürfen. Obwohl mich mein Pate begleitete, verwehrte er es mir nicht,
mich draußen unauffällig zu dehnen und meine zusammengepressten
Glieder gemächlich zu recken; doch übereilig schnell drängte er mich
wieder in die Große Hütte zurück. Als ich dann innerhalb weniger Stun-
den mich ein drittes Mal mit dem gleichen Anliegen meldete, erklärte er
mir kühl, mein falsches Spiel durchschauend: „Gar zu oft muss man nicht
austreten!"; und er ließ mich sitzen.

Mit noch härteren Proben der Selbstbeherrschung wartet man
den Prüflingen auf. Sich zu kratzen oder Juckreiz abzuwehren ist streng
verpönt; nicht die leiseste Zuckung darf sich einer anmerken lassen. Un-
auffällig setzen ihm die Alten einen Rüsselkäfer auf die nackte Haut; und
während das Tierchen auf des Prüflings Rücken umherkriecht, darf die-
ser weder danach greifen noch es abschütteln. Solchen Kitzel muss er
verbeißen lernen. Absichtlich tragen die Erwachsenen wirksame Witze
und aufheiternde schrullige Einfälle vor; mit scharfen Augen beschielen
sie währenddessen jeden Prüfling, und wer nur zu schmunzeln wagen
würde, dem legen sie völligen Entzug der Nahrung für einen Tag als

Strafe auf. Man bedenke, daß wir Prüflinge in der ersten Woche nur eine sehr karge Mahlzeit, nämlich eine einzige Miesmuschel, erhielten, eine Fleischmenge etwa einem Frankfurter Würstchen vergleichbar; dazu eine knapp bemessene Menge Trinkwasser. Erst später erhöhte sich dieses Maß um das Dreifache, was auch noch außerordentlich wenig ausmachte. Wir alle magerten sichtlich und schnell ab.

Selbstverständlich müssen die Prüflinge während der ganzen Dauer dieser Veranstaltung, die sich in früherer Zeit über ein halbes Jahr hinzog, ununterbrochen strenges Stillschweigen bewahren. Die Erwachsenen vermeiden durchgehend jedes unnütze Wort in der Großen Hütte. Sie sehen es darauf ab, allen Jugendlichen den Selbstzwang geläufig zu machen und sie zur Beherrschung ihres eigenen Ich zu erziehen. Wiederholt wurde uns gesagt: „Jeder muß seinen ganzen Körper und jedes seiner Glieder in der Gewalt haben. Hat er das gelernt, ist er ein guter Prüfling gewesen!" Die Yámana lassen sich von dem gewiß berechtigten Gedanken leiten: wer sich in seinem gesamten Äußeren zu beherrschen weiß, besitzt auch die Herrschaft über seine Geisteskräfte; und wer es in der Selbstzucht genügend weit gebracht hat, ist ein verläßlicher Mensch! Eben deshalb wird die ganze Ordnung in der Großen Hütte auf Selbstzwang angelegt, vor allem die quälende Körperhaltung, die spärliche Nahrung, der knapp bemessene Schlaf und das fortwährende Stillschweigen.[96]

Das Motiv der todernsten Prinzessin (AT 571 „Kleb an!") hängt wahrscheinlich mit der Erziehung zur Selbstbeherrschung zusammen, beweisen lässt sich das nicht. In einer kroatischen Variante des Typus will die Prinzessin demjenigen, der sie zum Lachen bringt, einen goldenen Apfel zuwerfen (Von der Königstochter, die nicht lachen wollte[97]), das ist ein Hinweis auf das Zeugnis für die Absolventen der Buschschule, ein Gegenstand von der Größe einer Männerfaust, der in den

---

[96]   MARTIN GUSINDE: Urmenschen im Feuerland. S. 272-274.
[97]   Von der Königstochter, die nicht lachen wollte (AT 571). In: MAJA BOŠKOVIĆ-STULLI: Kroatische Volksmärchen. S. 73-77, hier S. 73.

Überlieferungen als Apfel, Orange oder Ei bezeichnet wird. Auch die Gestalt des Dummlings ist ein Anhaltspunkt, weil sie den jüngsten Initianden entspricht, die von ihren Kollegen gehänselt worden sind.

Was geschieht im Märchen? In seiner Verzweiflung hat der König ein Gesetz erlassen, dass er seine Tochter mit dem Burschen verheiratet, der sie zum Lachen bringt. In der Grimm'schen Fassung, die aus Hessen stammt (KHM 64 „Die goldene Gans"), gelingt das dem jüngsten von drei Brüdern, dem gutmütigen Dummling. Er teilt seine Wegzehrung mit einem grauen Männchen, das verhilft ihm zu einer goldenen Gans, und an der bleiben diebische, neugierige, verärgerte und hilfsbereite Personen hängen, sodass die Prinzessin, als der Dummling zum Schloss gelangt, laut lacht und gar nicht mehr aufhören will. Allerdings gefällt der Dummling dem König nicht, auf einmal stellt er noch mehr Bedingungen.

In einer rumänischen Variante aus Siebenbürgen erscheint anstelle der goldenen Gans ein Lamm mit blumigem Fell, welches Gottvater selbst dem gastfreundlichen jüngeren Bruder geschenkt hat (Das Lamm mit den goldenen Blumen[98]).

Nach des Königs Tod, heißt es bei Grimm, *erbte der Dummling das Reich und lebte lange vergnügt mit seiner Gemahlin.*

Der Zauberlehrling hat
mehr Glück als Verstand

Die Märchen von dem Burschen, der seinen Meister im Zauberwettkampf besiegt (AT 325), waren weit verbreitet: von Persien im Osten bis Chile im Westen, von Finnland im Norden bis Ober-Volta im Süden. Manche, nicht jedes, enden mit einer Heirat. Die Einzelheiten erinnern an die Buschschule:

---

[98]   Das Lamm mit den goldenen Blumen (AT 571). In: PAULINE SCHULLERUS: Rumänische Volksmärchen aus dem mittleren Harbachtal. S. 250-254.

- Der Zaubermeister haust in einem Brunnen (Iwantscho lernt des Teufels Handwerk[99], bulgarisch). Der Brunnen entspricht dem Schacht, in den die Initianden hinabklettern mussten, um in die andere Welt, ins Reich der verstorbenen Ahnen zu gelangen.
- Der Lehrling wird vom Zaubermeister verbrannt und wiederbelebt (Och[100], ukrainisch). Das Motiv entspricht einem Verfahren der rituellen Umwandlung in einen Erwachsenen, das durch einen Brauch der Aborigines bezeugt ist.[101]
- Der Lehrling wird – hier von der Tochter des Zaubermeisters – zerstückelt, gekocht und wieder zusammengesetzt (Ach-Weh[102]). Das Motiv entspricht einem Verfahren der rituellen Umwandlung in einen Erwachsenen, das durch Alpträume der sibirischen Schamanen-Kandidaten bezeugt ist.[103]
- Der Zaubermeister verwandelt seine Lehrlinge in Tiere, damit der Vater des Helden, als die Vertragsfrist abgelaufen ist, seinen Sohn nicht erkennt. Es ist die Rede von Stieren, Hengsten, Schafböcken, Hunden, Hasen, Gantern, Truthähnen, Rebhühnern, Raben, Tauben und Goldfischen. Wir erinnern uns, dass die Initianden Tier-Masken aufsetzten, weil man sich vorstellte, dass die Verstorbenen sich in Tiere verwandeln.

---

[99]   Iwantscho lernt des Teufels Handwerk (AT 325). In: KYRLL HARALAMPIEFF (Hg.): Bulgarische Volksmärchen. S. 173-180, hier S. 175.

[100]   Och [ein ukrainisches Märchen] (AT 325).   In: REINHOLD OLESCH (Hg.): Russische Volksmärchen. S. 30-39, hier S. 33.

[101]   VLADIMIR PROPP: Die historischen Wurzeln des Zaubermärchens. S. 119-120.

[102]   Vai-Vai [Ach-Weh] (AT 325). In: VLADIMIR COLIN und VIOREL BAGEACU (Hg.): Padişahul şi vizirul. S. 263-271, hier S. 264. – Siehe auch: Szegfűhajos Jánosch [Johann mit dem nelkenfarbenen Haar] (AT 325 + ---). In: ELEK BENEDEK: Benedek Elek össes meséi. Bd. 3, S. 388-398, hier S. 389-390.

[103]   VLADIMIR PROPP: Die historischen Wurzeln des Zaubermärchens. S. 114-115.

Durch den Zauberwettkampf erweisen sich die Varianten des Märchentypus AT 325 als Paradebeispiele für die Umwertung des Ritus.

Anachronistisch sind das Zauberbuch, in dem der Held heimlich liest, das Geld, für das er sich vom Vater verkaufen lässt, und die Königstochter bzw. Zarentochter, die ihm in der höchsten Not beisteht. Etliche Erzähler oder Erzählerinnen hielten es für richtig, das Schicksal des Zauberlehrlings mit dem einer Frau bzw. zweier Frauen zu verbinden, diese sind eine Verwandte des Zaubermeisters und eine Prinzessin.

Außerdem spielt in zahlreichen Varianten ein Ring eine Rolle – auf der Flucht vor dem wütenden Meister hat der Lehrling sich in einen Fingerring verwandelt. In der Regel lässt die Prinzessin den Ring fallen, statt ihn dem verkleideten Zaubermeister zu übergeben, der ihn als sein Eigentum beansprucht. Am Boden zerfällt der Ring in Getreidekörner, da nimmt der Zaubermeister die Gestalt eines Hahns an und pickt diese Körner auf. Eins davon, das letzte, sei es, dass es in eine Ritze gekullert ist, sei es, dass die Prinzessin es mit ihrem Schuh verdeckt hat, verwandelt sich in einen Fuchs und beißt den Hahn tot.

- Die Tochter eines reichen Mannes verliebt sich in einen Bäckerjungen. Ihr Vater will mit der Heirat nur einverstanden sein, wenn es dem Jungen gelingt, irgendwo die Zauberkunst zu erlernen. Als der Held nach Jahren einen Zaubermeister trifft, erlernt er mit Hilfe von dessen Tochter alle Griffe der Zauberei (Wettverwandeln[104], Märchen der Kabylen, Nordafrika).
- Die Tochter des Zaubermeisters soll den Helden lehren, im Zauberbuch zu lesen, und rät ihm, sich zu verstellen – so zu tun, als ob er nichts begriffen habe (Der kahle Kuhhirt[105], persisch).
- Die Tochter des Zaubermeisters verliebt sich in den Helden und lehrt ihn heimlich, wie man sich in ein beliebiges Tier verwandelt

[104] Wettverwandeln (AT 325). In: FELIX KARLINGER (Hg.): Märchen der Welt. Bd. 5. Afrika und Ozeanien. S. 128-137.
[105] Der kahle Kuhhirt (AT 325). In: ARTHUR CHRISTENSEN (Hg.): Persische Märchen. S. 90-100, hier S. 93-94.

(Der Teufel und der arme Zigeuner[106], Märchen rumänischer Roma aus Oltenien).

- Der Held flieht als Vogel, lässt sich von einer Prinzessin fangen und in einen Käfig stecken (Der Zauberschüler[107], rätoromanisch).

- Auf der Flucht vor dem Zaubermeister verwandelt sich der Held in eine Nelke und erringt die Liebe einer Königstochter (Iwantscho lernt des Teufels Handwerk[108], bulgarisch).

- Der von der Prinzessin gefundene Ring verwandelt sich nachts in einen lustigen Kumpan, sodass sie sich in ihn verliebt (Die Zauberbuch-Schule[109], finnisch).

- Das Hirsekorn verwandelt sich in einen Burschen, der ist so schmuck, dass die Zarentochter sich sofort in ihn verliebt. *Und gleich bat sie auch den Zaren und die Zarin, sie möchten ihn ihr zum Manne geben. „Mit keinem anderen werd ich glücklich werden", sagte sie, „nur bei ihm ist mein Glück." Der Zar runzelte wohl die Stirn darüber, dass er die Tochter einem einfachen Kerl geben sollte, aber schließlich war er's zufrieden.* (Och[110], ukrainisch.)

---

[106]   Der Teufel und der arme Zigeuner (AT 325). In: WALTHER AICHELE und MARTIN BLOCK (Hg.): Zigeunermärchen. S. 176-180, hier S. 177.

[107]   Der Zauberschüler (AT 325). In: LEZZA UFFER (Hg.): Rätoromanische Märchen. S. 118-120.

[108]   Iwantscho lernt des Teufels Handwerk (AT 325). In: KYRILL HARALAMPIEFF (Hg.): Bulgarische Volksmärchen. S. 173-180, hier S. 179-180.

[109]   Die Zauberbuch-Schule (AT 325). In: PIRKKO-LIISA RAUSMAA und INGRID SCHELLBACH-KOPRA (Hg.): Finnische Volksmärchen. S. 93-97, hier S. 96.

[110]   Och (AT 325). In: REINHOLD OLESCH (Hg.): Russische Volksmärchen. S. 31-39, hier S. 39.

- Als der Held den großen Schatz aus dem Schloss des Zaubermeisters herbeibringt, hat der König nichts mehr gegen die Hochzeit (Der Erzzauberer und sein Diener[111], deutsch aus Siebenbürgen).

Schließlich sei vermerkt, dass die moderne Folklore nur von einem männlichen Helden weiß. Doch siehe da, in den „Metamorphosen" des römischen Dichters Ovid wird ein weiblicher Zaubererlehrling erwähnt (nur erfahren wir nicht, wen dieses Mädchen heiratet):

> *Als der Vater bemerkte, sie konnt' die Gestalten vertauschen,*
> *Hat er nicht selten verkauft sie. Sie wußt' sich zu retten,*
> *Bald als Stute, als Vogel, als Hinde, jetzt wieder als Färse,*
> *Und ihrem gierigen Vater ein nicht ehrliches Leben bereitend.*
> (Kapitel 8, Verse 89-92.)[112]

Froschkönig und Hans mein Igel

Der Froschkönig (KHM 1, AT 440) ist das Abbild eines Initianden, der eine Tier-Maske trägt. Wahrscheinlich leitete dessen Sippe ihre Herkunft von einer Fröschin ab. Eine solche Vorstellung ist glaubhaft, weil noch die Großeltern der Mansen oder Wogulen, die in Westsibirien leben, vorwiegend am unteren Ob, sich für die Nachkommen einer Fröschin hielten.[113] Den Initianden haben die Erzähler zum Königssohn gemacht, denn zur Zeit der Buschschule gab es in Europa noch keine Könige.

Die Motive des Märchens stammen aus hessischen Überlieferungen. Sein Anfang stimmt mit dem Anfang eines polnischen Märchens

---

[111] Der Erzzauberer und sein Diener (AT 325). In: JOSEF HALTRICH: Sächsische Volksmärchen aus Siebenbürgen. S. 64-67, hier S. 66.

[112] WALDEMAR LIUNGMAN: Die schwedischen Volksmärchen. S. 62.

[113] SOJA SOKOLOWA: Das Land Jugorien. S. 182.

überein, welches zum Typus AT 425 A „Amor und Psyche" gehört (Die Kuhhaut[114]).

Auch Hans mein Igel (KHM 108, AT 441) ist das Abbild eines Initianden. Im Märchen wird seine Missgestalt durch den unvernünftigen Wunsch seines Vaters erklärt: *„Ich will ein Kind haben, und sollt's ein Igel sein."* Es ist denkbar, dass man es auch im Alten Europa den Zöglingen der Buschschule erlaubte, ihren Eltern bei dringenden Feldarbeiten zu helfen, wie es bei den Kpelle in Liberia um 1900 üblich war[115] (siehe auch das bulgarische Märchen „Das Kürbiskind"[116]). Die Funktion eines Schweinehirten fällt aus dem Rahmen.

Sensationell scheint mir der Vermerk, dass Hans mein Igel, als seine Tierhaut verbrannt wird, darunter kohlschwarz ist, denn so war es, als die Zöglinge sich schwärzten, um anzudeuten, dass sie gestorben sind.

Ein Gockelhahn als Reittier ist ein witziger Einfall, der in ein Märchen passt. Die zwei Könige samt ihren Töchtern sind erfunden.

So wenig wie Hans mein Igel sich mit einer Prinzessin vermählte, haben Marienkind (KHM 3, AT 710), Rapunzel (KHM 12, AT 310) und Dornröschen (KHM 50, AT 410) einen Prinzen geheiratet.

Die Schöne und das Biest

Die sexuelle Aufklärung im Rahmen der Buschschule spiegelt sich mehr oder weniger deutlich in den Varianten von mehreren Märchentypen:

AT 313 „Der dem Teufel versprochene Königssohn".
AT 425 A „Amor und Psyche".
AT 425 C „Die Schöne und das Tier".

---

[114] Die Kuhhaut (AT 425 A). In: HELENA KAPEŁUŚ und JULIAN KRZAŻNOWSKI (Hg.): Die Kuhhaut. S. 120-127.
[115] DIEDRICH WESTERMANN: Die Kpelle. S. 249.
[116] Das Kürbiskind (AT 425 A). In: ELENA OGNJANOWA (Hg.): Bulgarische Märchen. S. 283-286, hier S. 283.

AT 425 E „Der verzauberte Gatte singt ein Wiegenlied".
AT 432 „Der Prinz als Vogel".

Diese Häufigkeit hängt mit dem ausgefallenen Verhältnis zwischen einer Helferin der Schulleiter und einem Burschen zusammen, der als Kind, „in der Wiege", mit einem Mädchen aus einer anderen Sippe verlobt worden war. Im Falle der Knaben wurden für den praktischen Teil der sexuellen Aufklärung Absolventinnen der Buschschule angeworben, die keine Chancen auf dem Heiratsmarkt hatten – im Märchen ist ihr Vater Besenbinder oder verarmter Kaufmann, die verwitwete Mutter ist Kräutersammlerin oder Wäscherin.

Ein im Norden Rumäniens, in den sogenannten *Waldkarpaten* aufgezeichnetes Märchen, welches die Zipser erzählten, stellt den Vorgang realistisch dar, es heißt „Marisch bei den Fischen"[117].

Die drei Töchter einer verwitweten Wäscherin finden keinen Ehemann, weil sie keine Mitgift haben. Eines Tages wird die Wäscherin am Flussufer vom Goldenen Fisch angesprochen, der Hilfe in Aussicht stellt, falls die jüngste Tochter bereit wäre, einen seiner Söhne zu heiraten. Tatsächlich werben bald darauf zwei stattliche Burschen um die älteren Töchter, Marisch aber wird beim Wäschewaschen in die Tiefe gezogen. Nach drei Jahren kehrt sie zurück, denn bei den Fischen dauert eine Ehe nur drei Jahre, dann ist die Frau, wenn sie ihrem Mann treu war, wieder frei und kann gehen, wohin sie will. Marisch wurde reich beschenkt: mit feinen Kleidern und einer goldenen Kutsche. Nun kann sie unter mehreren Freiern wählen und entscheidet sich für einen bescheidenen, fleißigen Hirten.

---

[117] Marisch bei den Fischen. In: CLAUS STEPHANI: Zipser Mära und Kasska. S. 46-47.

Zipser – eine deutsch-sprachige Minderheit, die im Norden Rumäniens, in der Stadt Ober-Wischau (Vişeu-de-Sus) und in deren Umgebung lebte. Ihre Vorfahren stammten z.T. aus der Zips. Nach der sogenannten *Revolution* im Jahre 1989 haben sie die Gelegenheit genutzt und das Land wie die meisten deutschen Bürger verlassen.

Im Goldenen Fisch erkennen wir ein Abbild des Stammeszauberers und Leiters der Buschschule, der Helferinnen für den praktischen Teil der sexuellen Aufklärung verpflichtete. Für diesen Dienst kamen nur junge Frauen in Frage, die die Jugendweihe absolviert hatten. Hier wie in allen anderen einschlägigen Märchen, die ich kenne, hat sich diese Klausel aus der Überlieferung verloren.

In den Varianten des Märchentypus AT 425 C kehrt stereotyp die Bitte des Mädchens nach einer weißen Rose wieder, es könnte sein, dass es sich hierbei um ein Losungswort handelt, mit dem die Abmachung über den Dienst eingeleitet wurde. Für diese Vermutung spricht eine Stelle aus einem russischen Märchen.

Hier bittet die jüngste Tochter den Vater, er möge ihr vom Jahrmarkt ein rotes Blümchen bringen. Der Vater begegnet einem alten Mann mit einem roten Blümchen in der Hand, und der sagt: *„Meine Blume ist nicht zu verkaufen, sie ist eine Wunschblume; wenn deine jüngste Tochter meinen Sohn Finist, den lichten Falken, heiraten will, gebe ich dir das Blümchen umsonst."* (Das Federchen von Finist, dem lichten Falken[118].)

Allem Anschein nach fand die sexuelle Aufklärung bald nach dem vermeintlichen Abstieg in die Unterwelt statt, als die Burschen sich noch schwärzten und tagsüber Tier-Masken aufsetzten zum Zeichen, dass sie sich bei ihren Vorfahren im Jenseits befinden.

Auf dem Gebiete Rumäniens wurden 64 Varianten von AT 425 A „Amor und Psyche" aufgezeichnet. In 25 davon erscheint der Gatte als Schlange, in 17 als Schwein. In acht Varianten ist er unsichtbar. Zweimal tritt er als Igel in Erscheinung, zweimal als Krebs, jeweils einmal als Frosch, als Kürbis, als Bär, als Hund, als Affe, als Rabe und als Drache.[119]

Die konventionelle Unsichtbarkeit (die im Märchen als tatsächliche Unsichtbarkeit dargestellt wird) beruht auf der Vorstellung, dass ein

---

[118]   Das Federchen von Finist, dem lichten Falken (AT 432 + 425 A). In: ALEXANDER N. AFANASJEW: Märchen aus dem alten Russland. S. 135-143, hier S. 135-136.

[119]   OVIDIU BÎRLEA: Antologie de proză populară epică. Bd. 2, S. 51-68. Übersetzung Bd. 3, S. 420-422.

Lebender einen Toten nicht sehen kann. In der berühmten Erzählung „Amor und Psyche" des römischen Schriftsteller Apuleius ist Amor zunächst unsichtbar, erst als Psyche eine (von den späteren Erzählern erfundene) Lampe entzündet, kann sie ihn sehen (Amor und Psyche[120]). Ein Widerspruch, der offenbar niemanden stört.

Selbstverständlich gehört das Schloss, welches ein Abbild des Großen Gebäudes der Initiationsstätte, nicht dem verzauberten Jüngling. Der war auch kein König.

Eine Heirat der Helferin mit einem Zögling war nicht vorgesehen, sie kam nur ausnahmsweise zustanden, wie es die Märchen vom Typus AT 313 schildern. Die späteren Erzähler, die nichts mehr von den Regeln der Buschschule wussten, haben die Wahrheit verbogen und die Handlung in eine Heirat münden lassen.

Das außerordentlich populäre Märchen AT 425 C „Die Schöne und das Tier" wurde zunächst als Zeichentrickfilm verfilmt und kam in dieser Form 1991 in die Kinos. Ein Disney-Musical wurde 1994 veröffentlicht. Im Jahre 2017 brachten die Filmstudios „Disney Pictures" und „Mandevill Films" einen Fantasy-Musical-Film mit Starbesetzung heraus, der ungeheuren Erfolg erzielte.

Zertanzte Schuhe

Die spannenden und beliebten Märchen vom Typus AT 306 „Die zertanzten Schuhe" entpuppen sich als Produkte einer langen Entwicklung mit wesentlichen Entstellungen. Sie stammen aus einer Zeit, als es noch keine Könige gab und die herangewachsenen Mädchen von der Leiterin des Frauenbundes Tänze mit Zauberkraft erlernten. Dabei waren männliche Zuschauer unerwünscht. Aus einer rumänischen Variante erfahren wir, dass die Prinzessinnen immer wieder den Begleiter umge-

---

[120]   Amor und Psyche (AT 425 A). In: APULEIUS VON MADURA: Der goldene Esel. S. 85-129, hier S. 105. – Siehe auch: ERICH ACKERMANN (Hg.): Märchen der Antike. S. 115-136, hier S. 126.

bracht haben, und zwar im verzauberten Schloss, und es stellt sich die Frage, wie jene ohne magische Hilfsmittel dorthin gelangt sind (Die zwölf Kaisertöchter und das verzauberte Schloss[121]). In einer russischen Variante fliegen die drei Töchter des Teufels zu einem Treffen mit anderen Mädchen, sie erlernen von Helena der Weisen Zauberkunststücke (Jelena die Allweise[122], AT 306 + 329). Sie warnen den Soldaten, der auf sie aufpassen sollte: *„Du kannst von Glück reden, dass du heil davongekommen bist! Denn diese Königstochter ist Jelena die Allweise, unsere mächtige Gebieterin. Hätte sie ihr Zauberbuch bei sich gehabt, dann hätte sie dich sofort erkannt. Dann wäre dir ein arger Tod gewiss gewesen. Nimm dich in Acht, Soldat! Fliege nicht wieder auf die grüne Wiese und bewundere Jelena die Allweise nicht ein zweites Mal. Sonst ist es um dich geschehen."*

Auch in einer griechischen und in einer usbekischen Variante versammeln sich nur Mädchen. In der griechischen gesellt sich eine Königstochter zu einer Schar von Nereiden, die sie als Schwesterchen begrüßen (Die Königstochter, die ihre Schuhe zerschliss[123]). In der usbekischen trifft Mochistara, die Tochter einer Fee, mehrere Freundinnen und fliegt mit diesen ins Feenland (Mochistara[124], AT --- + 306).

In der Grimm'schen Fassung (KHM 133 „Die zertanzten Schuhe") taucht das Problem des Standesunterschiedes zwischen dem Helden und seiner späteren Gemahlin auf. Hier lüftet ein armer Soldat das Geheimnis der zwölf Prinzessinnen, die sich Nacht für Nacht mit ebenso vielen verwunschenen Prinzen unterhielten. Wer es vor ihm

---

[121] Cele douăsprezece fete de împărat şi palatul cel fermecat [Die zwölf Kaisertöchter und das verzauberte Schloss] (AT 306). In: PETRE ISPIRESCU: Legende sau basmele romînilor. S. 214-226, hier S. 225.
[122] Jelena die Allweise (AT 306 + 329). In: ALEXANDER N. AFANASJEW: Russische Volksmärchen. Bd. 2, S. 555-561, hier S. 557.
[123] Die Königstochter, die ihre Schuhe zerschliss. In: PARASKEVOS I. MILIOPULOS: Mazedonische Märchen. S. 63-77.
[124] Mochistara (AT --- + 306). In: USBEKISCHE MÄRCHEN. S. 183-224.

erfolglos versucht hatte, wurde auf Befehl des Königs geköpft. Nun darf er, wie es der König versprochen, eines der gedemütigten Mädchen heiraten. Weil er nicht mehr jung ist, wählt er die älteste Tochter, also die Anführerin der Schar, dieselbe, die ihn als einen Lümmel verachtet. Ihre Ehe startet unter einem schlechten Stern.

Estnische Erzähler haben den Faden der Erzählung weitergesponnen (Der Soldat freit eine Königstochter[125], AT 306 + 518 + 566). In der estnischen Fassung tritt nur eine Prinzessin auf. Sie hält den Soldaten, der sein Glück versucht, für einen elenden ehrgeizigen Wicht. Nach der Hochzeit zeigt sie sich ihrem Ehemann gegenüber immer kühl und versucht ihn auszuforschen. Als er seine Geheimnisse preisgibt, nimmt sie die magischen Gegenstände an sich, die es ihm ermöglicht hatten, sie auf dem Weg in die Unterwelt zu begleiten, und lässt ihn aus dem Reich werfen – er findet sich in einem großen Moor wieder, in dem er bis zum Hals drinsteckt.

Nach vielen Bemühungen gelingt es ihm, sich herauszuarbeiten. Er isst von irgendwelchen schwarzen Beeren, worauf ihm Hörner wachsen. Dann isst er von roten Beeren, worauf jene Hörner verschwinden. Noch mehr: Die roten Beeren haben sein Aussehen verändert. Mit einem gehörigen Vorrat an Beeren macht er sich auf in die Hauptstadt, die er nach mehr als zehn Tagen (!) erreicht. Im Märchen bleiben die Beeren frisch. Der ehemalige Soldat tritt auf als ein hübscher junger Mann.

Tatsächlich kauft ihm die Prinzessin die schwarzen Beeren ab, und auf einmal ist der Jammer groß, denn kein Arzt vermag ihr zu helfen. Endlich meldet sich ihr ehemaliger Mann, als Doktor verkleidet, und stellt dem König mehrere Bedingungen: Die Behandlung erfolgt in einer Kate außerhalb der Stadt. – Während der Behandlung machen fünfzig Musikanten Musik. – Vor der Kate steht eine Kutsche bereit. Dann geht's los. Die Prinzessin muss sich entkleiden, er prügelt sie mit Faulbeerbaum-Ruten und fragt sie aus nach allem Bösen, was sie ihrem Mann angetan hat und was ihr die Macht dazu gegeben. Die Königstochter bekennt ihre Sünden und gesteht, dass der Stock, die Mütze und die Stiefel

---

[125] Der Soldat freit eine Königstochter (AT 306 + 518 +566). In: RICHARD VIIDALEPP (Hg.): Estnische Volksmärchen. S. 65-74.

noch vorhanden sind. Um die schrecklichen Hörner loszuwerden, rückt sie die magischen Gegenstände heraus. Erst dann gibt er ihr von den roten Beeren.

Als der vermeintliche Doktor der Königstochter schließlich befiehlt, in den Spiegel zu schauen, sieht sie sich zu ihrer Freude nicht nur sehr schön, sondern auch jünger, als sie vorher war. Sie dankt dem Doktor von Herzen und verspricht, dass sie ihm als ihrem Liebsten bis zum Tod treu sein werde. Ihre Hochzeit dauert fast sechs Wochen. Ein Happy End … *Nach dem Tod des [alten] Königs lebten sie glücklich, und das ganze Volk liebte sie.*

Ein verwandtes norwegisches Märchen – „Der Kamerad"[126] (AT 507 A) – weicht in mehreren Punkten von AT 306 ab. Hier gewinnt ein Bauernbursche, dem ein Traum von Prinzessin und Reichtum den Kopf verdreht hat, einen übermächtigen Helfer, nämlich den Geist eines Toten, dessen Begräbnis er bezahlte. Der Geist des Toten wird sein Reisekamerad, er ist der eigentliche Held der Geschichte. Er folgt der Prinzessin bei ihren nächtlichen Ausflügen, tötet den Troll, den sie besucht, und besorgt die von der Prinzessin geforderten Beweisstücke. Nun findet die Hochzeit statt, doch in der folgenden Nacht will die Prinzessin ihrem Gemahl mit einem Schlächtermesser den Kopf abhacken – zum Glück hat der Kamerad ihn gewarnt. Der Kamerad hat ihm Ratschläge erteilt und andere Vorkehrungen getroffen.

Aber da fuhr der Bursche auf, schlug ihr das Messer aus der Hand, packte sie an den Haaren und peitschte sie mit den Ruten und hörte nicht auf, bis keine einzige mehr ganz war. Darauf warf er sie in den Molkenkübel, und da sah er, was für ein Tier sie war, denn sie war rabenschwarz am ganzen Körper. Aber als er sie in den Molken abgeschruppt hatte und in der Sauermilch abgerieben und in der süßen Milch abgeschwemmt, da war die Trollhaut ganz weg, und sie war so wunderschön, wie sie zuvor noch nie gewesen war.

---

[126] Der Kamerad (AT 507 A). In: KLARA STROEBE (Hg.): Nordische Volksmärchen. Bd. 2, S. 25-38.

Dann ziehen sie mit dem Vermögen des Trolls zum Bauernhof und leben dort, man glaubt es nicht, als Bauer und Bäuerin.

Wie der Troll sich die Prinzessin hörig machte, wird nicht mitgeteilt. Vielleicht hat diese Gestalt den Stammeszauberer der Märchen von der Buschschule beerbt, der die Mädchen, die an der Jugendweihe teilnehmen, rituell entjungferte.

Der soziale Unterschied untergräbt die Ehe des Helden mit der Königstochter regelmäßig, und in einigen Fällen wird das Problem wie im estnischen Märchen beim Namen genannt:

- Die Prinzessin hatte fest geglaubt, kein Mensch auf der Welt würde erraten, was für Haare sie hat, deshalb lässt sie den ihr widerlichen Schneider zu einem Bären in den Stall sperren, der noch keinen Menschen lebendig gelassen (KHM 114 „Vom klugen Schneiderlein").
- Der Held spricht im Traum, da merkt die Königstochter, in welcher Gasse der junge Herr geboren war. Gleich fleht sie ihren Vater an, sie von ihrem Gemahl zu befreien (KHM 20 „Das tapfere Schneiderlein", AT 1640).
- Die Königstochter sinnt Tag und Nacht, wie sie den Kerl loswerden könnte, der ein gemeiner Mann ist, einen schäbigen Hut trägt und einen alten Ranzen umhängen hat. Sie schmeichelt ihm seine Geheimnisse ab, entwendet erst das eine, dann das andere Wünschelding und lässt ihn zweimal hinauswerfen (KHM 54 „Der Ranzen, das Hütlein und das Hörnlein", AT 569).

Der tiersprachenkundige Mann aus KHM 17 „Die weiße Schlange" (AT 673) hat noch einmal Glück. Nachdem er ihren Ring aus dem Meer geholt hat, stellt ihm die Königstochter eine zweite und eine dritte Aufgabe, und zwar soll er zuletzt einen Apfel vom Baum des Lebens besorgen. *Sie teilten den Apfel des Lebens und aßen ihn zusammen; da ward ihr Herz mit Liebe zu ihm erfüllt, und sie erreichten in ungestörtem Glück ein hohes Alter.*

Eine Zauberin gibt sich geschlagen

Durch die europäische Folklore geistert die Vorstellung von einem Gefäß, mit dem man verborgene Dinge ausfindig machen und sogar in die Zukunft blicken kann. Es heißt *Weltenspiegel.* Die ältesten Belege finden wir in den Märchen von der Buschschule, sie beziehen sich auf die Späte Bronzezeit. Sagen aus weit voneinander entfernten Gegenden – aus Graubünden bzw. aus Liechtenstein, aus dem Spessart und aus dem Bergischen Land – belegen übereinstimmend, dass der Glaube an diesen magischen Gegenstand auch in der frühen Neuzeit verbreitet war (Der Spiegel[127]; Der Bergspiegel[128]; Die Kippenburg[129]; Bild des Diebes im Wasser[130]). Laut Ernst Meier fabelte man noch im 19. Jahrhundert im Schwarzwald, genauer: in der Umgebung von Calw und im Unterland, von Leuten, die einen wunderbaren Spiegel besitzen, in welchem alles zu sehen ist, was man nur zu sehen begehrt, mag es vergangen, gegenwärtig oder zukünftig sein (Der Wunderspiegel[131]). Ein Roman, dessen Handlung sich zu Beginn des 20. Jahrhunderts in Thüringen zuträgt, er heißt „Die Blöttnertochter" (1913), legt für eine noch spätere Zeit Zeugnis ab. Hier soll ein Mann mit Hilfe seines *Erdspiegels* herausfinden, wer heimlich das Pferd des reichen Bauern Blöttner getötet hat.[132]

---

[127]   Der Spiegel. In: MAX WAIBEL: Das Große Buch der Walser Sagen. S. 299.

[128]   Der Bergspiegel. In: MAX WAIBEL: Das Große Buch der Walser Sagen. S. 353.

[129]   Die Kippenburg. In: VALENTIN PFEIFER (Hg.): Spessart-Sagen. S. 23-25.

[130]   Bild des Diebes im Wasser. In: OTTO SCHELL: Bergische Sagen. S. 337.

[131]   Der Wunderspiegel. In: ERNST MEIER: Deutsche Sagen, Sitten und Gebräuche aus Schwaben. S. 282.

[132]   MARTHE RENATE FISCHER: Die Blöttnertochter. [1913.] Berlin/West: Evangelische Verlagsanstalt, 1967.

Der Forschungsreisende René Gardi hat in Kamerun eine Form des Weltenspiegels gesehen. Er beschreibt, wie ein Wahrsager in Kamerun vorging, der im Hauptberuf Schmied war. Für seinen Dienst wurde er mit einer fetten Henne bezahlt.

In eine zu zwei Dritteln mit Sand gefüllte Tonschale goss der Schmied Wasser, bis es zwei Daumen breit über dem Sandboden stand. In den Sandboden steckte er zum einen Hirsestrohhalme als Symbole für bestimmte Menschen, zum anderen aus zerbrochenen Kürbiskalebassen geschnitzte Symbole für wesentliche Begriffe wie Glück und Krankheit, Reichtum und Armut, Freude und Erfolg, Not und Tod. Dann packte der Schmied eine kinderhandgroße Flusskrabbe, spuckte sie an, streckte sie gen Himmel und rief mit einem Zauberspruch die Gottheit Dzikile an, die sich mit den Menschen abgibt. Diese Krabbe legte er in die Schale und stülpte einen großen Korb darüber. Erst nach einer Stunde wurde das Tierchen entfernt. Aus den frischen Kriechspuren im Sand, die Symbol mit Symbol verbanden, weissagte der Schmied die Zukunft.[133]

Ein solcher Weltenspiegel befindet sich im Besitz von Schneewittchens Stiefmutter. In der Grimm'schen Fassung (KHM 53 „Sneewittchen", AT 709) erscheint er als Toilettegegenstand, doch in einer isländischen Variante hat sich die Erinnerung an das ursprüngliche Aussehen erhalten, denn hier besitzt die Mutter der Heldin einen Zauberkrug, in dem wahrsagende Enten schwimmen (Schneewittchen[134]).

In den Varianten des Märchentypus AT 425 C „Die Schöne und das Tier" besitzt der verwunschene König einen Spiegel, in dem die Heldin sehen kann, wie es ihrer Familie geht. Die Brüder Grimm erwähnen diesen Spiegel in ihren Anmerkungen zu KHM 88 „Das singende, springende Löweneckerchen"[135]. Er kommt vor in einer griechischen Variante

133   RENÉ GARDI: Alantika. S. 8-10.
134   Schneewittchen (AT 709). In: ADELINE RITTERSHAUS: Die neuisländischen Volksmärchen. S. 118-126.
135   GRIMM, BRÜDER GRIMM: Kinder- und Hausmärchen. Bd. 3, S. 152-156.

aus Zypern (Die Schlange[136]) und in einer belorussischen Variante (Die Liebe[137]).

In einer estnischen Fassung des Märchentypus AT 567 „Der Zaubervogel" will der Geliebte der Mutter ausfindig machen, wer die Flügel der Henne gegessen hat, zu diesem Zweck wendet er sich an eine Hexe. Die bringt einen Eimer voll kalten Wassers – er soll ins Wasser blicken (Die zwei Brüder und das wundersame Huhn[138]).

Russische Erzähler haben aus dem Spiegel ein Zauberbuch gemacht. So ein Zauberbuch besitzt Jelena die Allweise, ein Abbild der Stammeshexe und Leiterin des Frauenbundes. Wir sind ihr in einer Variante des Märchens von den zertanzten Schuhen begegnet. Wir erinnern uns, dass die drei Töchter des Teufels ihren Aufpasser, einen desertierten Soldaten, eindringlich warnten, er möge sich von Jelena fernhalten. Der Soldat aber hat sich in Jelena verliebt und folgt ihr in Gestalt einer Gartengrasmücke bis in ihr Schlafgemach, wo sie ihn entdeckt. Die erboste Königstochter hat schon den Scharfrichter bestellt, aber dann gewährt sie einen Aufschub, weil der Soldat ihr Herz mit einem wehmütigen Lied rühren konnte. *„Ich gebe dir zehn Stunden Frist. Wenn es dir gelingt, dich so gut zu verstecken, dass ich dich nicht finde, so werde ich dich heiraten, wenn du aber nicht geschickt genug bist, dann lasse ich dich köpfen."*

Der Teufel versteckt den Helden dreimal, zuletzt als Stecknadel im Zauberbuch. Im Zorn wirft Jelena das Zauberbuch in den Ofen; die Stecknadel gleitet aus dem Buch und verwandelt sich in den stattlichen Jüngling. *Jelena die Allweise nahm ihn bei der Hand: „Ich verstehe mich auf viele Künste, du aber verstehst dich auf noch mehr!" Nun überlegten sie nicht lange, feierten Hochzeit und lebten fortan ohne Sorgen.*

---

136   Die Schlange (AT 425 C). In: FELIX KARLINGER (Hg.): Märchen griechischer Inseln und Märchern aus Malta. S. 11-15, hier S. 13.

137   Die Liebe (AT 425 C). In: L. G. BARAG (Hg.): Belorussische Märchen. S. 242-253, hier S. 245, 252.

138   Die zwei Brüder und das wundersame Huhn (AT 567). In: RICHARD VIIDALEPP (Hg.): Estnische Volksmärchen. S. 238-248, hier S. 242.

Genauso unglaubwürdig endet ein deutsches Märchen aus Siebenbürgen, das von den Grimms übernommen und als Nr. 193 mit dem
Titel „Das Meerhäschen" in ihre Sammlung eingefügt wurde. [139]

Hier gibt es weder Spiegel noch Buch. Wir hören von einer Königstochter, die aus den zwölf Fenstern ihres Schlosses alles sieht, was
über und unter der Erde ist – nichts kann ihr verborgen bleiben. Weil sie
stolz ist, sich niemandem unterwerfen und die Herrschaft allein behalten
will, lässt sie bekanntmachen, es soll niemand ihr Gemahl werden, der
sich nicht so verstecken kann, dass es ihr unmöglich sei, ihn zu finden.
Wenn einer es versucht und sie ihn entdeckt, soll ihm das Haupt abge-
schlagen und auf einen Pfahl gesteckt werden. Als die Handlung einsetzt,
ist das schon mit 97 Freiern geschehen.

Nun versuchen drei Brüder ihr Glück, und alsbald werden der älteste und der mittlere enthauptet. Der jüngste bittet die Königstochter um
die Gnade, sie möge ihm das Leben zweimal schenken, wenn sie ihn
fände, wenn sie ihn aber beim dritten Versuch sehe, mache er sich nichts
aus seinem Leben. Das bewilligt die Königstochter gern, weil sie nicht
glaubt, dass es ihm gelingen könnte.

Dem jüngsten Bruder wollen ein Rabe, ein Fisch und ein Fuchs
helfen, die er bei der Jagd verschonte. Vom Raben wird er in einem Ei
versteckt, der Fisch verschluckt ihn, aber beide Versuche misslingen. Der
Fuchs verwandelt sich selbst in einen Tierhändler und den Jüngling in ein
niedliches Meerhäschen (Kaninchen). Die Königstochter kauft das Meerhäschen, und das kriecht unter ihren Zopf – sie kann es nirgends entde-
cken. Aus Wut zerschmettert sie ein Fenster nach dem anderen, als das
zwölfte zuschlägt, erschüttert das ganze Schloss. Aber sie muss sich in
ihr Schicksal fügen, es wird Hochzeit gefeiert, und damit ist der Junge
König. *Seiner Frau aber erzählte er nie davon, wo er sich zuletzt versteckt und wer ihm geholfen hatte, und so glaubte sie, er habe alles aus
eigener Kunst getan und hatte Achtung vor ihm, denn sie dachte bei sich:
„Der kann doch mehr als du!"*

---

[139] Von der Königstochter, die aus ihrem Schlosse alles in ihrem Reiche sah (AT 329). In: JOSEF HALTRICH: Sächsische Volksmärchen
aus Siebenbürgen. S. 198-202.

Ein Krug mit Wasser des Lebens

Jenes Schloss, in dem das Wasser des Lebens quillt, erinnert in der Grimm'schen Variante (KHM 97, AT 551) durch einen Zug an das Große Gebäude der Buschschule: Vor dem Eingang halten zwei Löwen Wacht. Zum Glück kann der Held, das ist der jüngste von drei Prinzen, sie mit zwei Laib Brot besänftigen.

Die Varianten des Märchens waren über ganz Europa und über ganz Asien verbreitet, von Irland im Westen bis in die Inselwelt des Stillen Ozeans im Osten. Eine auf der Insel Hawaii aufgezeichnete Überlieferung – „Das Lebenswasser des Ka-ne" [140] – erinnert verblüffend an den Grimm'schen Text, den die Brüder aus einer hessischen, einer paderbörnischen und einer hannöverschen Erzählung kombinierten.

Die Generallinie stimmt überein, dazu kommen hunderterlei teils ergötzliche, teils anrührende Abweichungen. Hier ist der König altersschwach, dort droht er zu erblinden. Während er in der Grimm'schen Fassung vom Wasser des Lebens trinken möchte, soll er gemäß anderen Überlieferungen von den Verjüngungsäpfeln essen (Das Märchen von den Verjüngungsäpfeln und vom Wasser des Lebens [141], russisch) – in einen magischen Spiegel schauen (Der wunderliche Spiegel [142], estnisch) – den Senavogel singen hören (Der Senavogel [143], deutsch aus Kärnten) – die Glücksuhr erwerben (Die Glücksuhr [144], serbokroatisch) – die

---

[140]   Das Lebenswasser des Ka-ne (AT 551). In: PAUL HAMBRUCH (Hg.): Südseemärchen. S. 282-287.

[141]   Das Märchen von den Verjüngungsäpfeln und vom Wasser des Lebens (AT 551). In: A. N. TOLSTOJ (Hg.): Russische Volksmärchen. S. 262-288.

[142]   Der wunderliche Spiegel (AT 551). In: IRINA SHELESNOWA (Hg.): Estnische Märchen. S. 24-36.

[143]   Der Senavogel (AT 551). In: INGO REIFFENSTEIN (Hg.): Österreichische Märchen. S. 153-158. *Sena* entstellt aus *Phönix.*

[144]   Die Glücksuhr (AT 551 + 461). In: JOSEPH SCHÜTZ (Hg.): Die Glücksuhr. S. 143-165.

Augen mit einer gelben Ingwerblüte aus dem Blumengarten der Prinzessin Tschandrawati berühren (Die gelbe Ingwerblüte[145], aus Mauritius).

Der Prinz wurde gewarnt: nach dem Füllen des Kruges ja nicht im Schloss verweilen, denn um zwölf Uhr würde das Tor zuschlagen, und dann bliebe er eingesperrt. Doch der junge Mann setzt sich über die Warnung hinweg. Er spaziert durch das Schloss und gelangt zuletzt in das Zimmer, in dem eine wunderschöne Frau schläft. Weil er sich nicht beherrschen kann, legt er sich zu ihr, wovon sie aber nichts bemerkt.[146] So geschieht es in der kärntnischen Variante „Der Senavogel"[147], in der holsteinischen Variante „Vogel Fenus"[148] und in der litauischen Variante „Vom Könige und seinen drei Söhnen"[149]. Im irischen Märchen „Wünschegold"[150] (AT --- + 551) wird diese Szene folgendermaßen umschrieben: *Ihre Schönheit erregte ihn, und so versuchte er, ihr eines jener Geschenke zu hinterlassen, die erst nach geraumer Zeit offenbar werden.*

Die Szene im Schlafzimmer der Prinzessin vom verwunschenen Schloss brachte die Brüder Grimm in Verlegenheit, weil ihre Sammlung für die Kinderstuben des sittsamen Bürgertums bestimmt war. Sie konnten nicht unverblümt wiedergeben, was Bauern, Handwerker, Kutscher und Soldaten seit Jahrhunderten erzählten. In ihrer Fassung begrüßt die Königstochter den Prinzen mit der Mitteilung, er habe sie erlöst, und wenn er in einem Jahr wiederkäme, soll ihre Hochzeit gefeiert werden.

---

[145] Die gelbe Ingwerblüte (AT 551). In: PRAHLAD RAMSCHARAN (Hg.): Vom Blumenlager der Prinzessin Tschandrawati. S. 31-39.
[146] Dieses Motiv kommt auch in manchen Varianten von AT 410 „Dornröschen" vor.
[147] Der Senavogel (AT 551). S. 155.
[148] Vagel Fenus (AT 551). In: WILHELM WISSER: Plattdeutsche Volksmärchen. Bd. 1, S. 156-162, hier S. 158.
[149] Vom Könige und seinen drei Söhnen (AT 551). In: AUGUST SCHLEICHER: Litauische Märchen, Sprichworte, Rätsel und Lieder. S. 26-34, hier S. 29.
[150] Wünschegold (AT --- + 551). In: FREDERIK HETMANN (Hg.): Keltische Märchen. S. 18-31, hier S. 27.

Dann entdeckt der Prinz ein leeres Zimmer mit einem leeren Bett und legt sich nieder zu einem Nickerchen.

In der Regel kehrt der Held nicht wieder, weil seine Brüder ihm das Lebenswasser abgenommen und ihn beim Vater verleumdet haben. Die Prinzessin sucht ihn mit Heeresmacht ... Eine rätselhafte Geschichte.

Im Land, wo man nicht stirbt

Dem Märchenhelden ist das Glück hold: Nach mancherlei Abenteuern gelangt er in das Land der Unsterblichkeit und heiratet dessen Königin. Sie leben lange, lange selig zusammen – tausend Jahre, dreitausend Jahre. Aber dann ergreift ihn die Sehnsucht nach seiner Heimat ... Wenn nicht anders, möchte er das Grab seines Vaters besuchen. Dort erwartet ihn der Tod. So ist es in einer rumänischen Variante aus der Walachei (Jugend ohne Alter und Leben ohne Tod[151]) und so ähnlich in einer georgischen Variante (Die Erde will das Ihre haben[152]). In einer serbokroatischen Variante gelingt es ihm, vor dem Tod zu fliehen. Seine Frau erwartet ihn und beginnt mit dem Tod zu feilschen, doch jener erweist sich als gerissen – der Held muss sterben (Die Flucht vor dem Tod[153]).

In einer Szekler Fassung ist es anders (Vom Königssohn, der unsterblich sein wollte[154]). Einem Szekler Erzähler hat der Held leidgetan.

---

[151]   Tinereţe fără bătrîneţe şi viaţă fără de moarte [Jugend ohne Alter und Leben ohne Tod]. In: PETRE ISPIRESCU: Legende sau basmele românilor. Bd. 1. S. 7-16.

[152]   Die Erde will das Ihre haben. In: ADOLF DIRR (Hg.): Kaukasische Märchen. S. 24-27.

[153]   Fuga de moarte [Die Flucht vor dem Tod]. In: M. SEVASTOS und D. GĂMULESCU (Hg.): Basme sîrbo-croate. S. 25-29.

[154]   A halhatatlanságra vágyó királyfi [Vom Königssohn, der unsterblich sein wollte]. In: JÁNOS KRIZA: A csókalányok. S. 99-108. – Auch enthalten in: GYULA ORTUTAY (Hg.): Ungarische Volksmärchen. S. 71-82.

Hier trickst die Königin der Unsterblichkeit den Tod aus. Sie schlägt ihm eine Wette vor: Sie will den Königssohn hinaufschleudern bis zum siebenten Himmel, bis hinter den Morgenstern, und wenn es ihr gelingt, ihn senkrecht nach oben zu schleudern, sodass er beim Herabstürzen in ihrem Schloss landet, dann soll er ihr gehören, andernfalls aber dem Tod. Dann bittet sie heimlich den Südwind um Hilfe, und der handelt – der Königssohn landet genau in ihren Armen. Schließlich befiehlt sie der Dienerschaft, den Tod mit feurigen Besen aus ihrem Schloss zu vertreiben.

Im Aarne-Thompson-Katalog ist dieser Märchentypus an drei Stellen vermerkt: 313*, 332 C*, 470*.

Das unmögliche Rätsel

Eine kluge, scharfsinnige Frau, die gewöhnt ist, alle Rätsel zu lösen, wird zweifach gedemütigt, und immer vor dem ganzen Hofstaat. Sie kann das Rätsel nicht knacken, welches die ausgefallenen Abenteuer des Bewerbers zusammenfasst, und erfragt aus Verzweiflung nachts im Quartier des Prinzen die Lösung, muss aber ihren Mantel hinterlassen, welchen der Prinz am nächsten Tag den Richtern vorweist (KHM 22 „Das Rätsel", AT 851). O Schande …

Die Königstochter hatte bekanntmachen lassen, wer ihr ein Rätsel vorlegt, das sie nicht erraten kann, der soll ihr Gemahl werden, doch wenn sie es errät, müsse er sich das Haupt abschlagen lassen. Auf diese Art waren schon neun Bewerber umgekommen. Jeder merkt, auch ein Kind: Die Aussichten für eine harmonische Ehe stehen denkbar schlecht.

Ein engverwandtes deutsches Märchen stammt aus der Exempelsammlung eines unbekannten Dominikaners aus der zweiten Hälfte des

---

Szekler – eine ungarisch-sprachige Minderheit im östlichen Siebenbürgen, Rumänien.

13. Jahrhunderts (Der Rätselkampf[155]). Es stimmt weitgehend mit einem litauischen Märchen überein (Die Rätsel des Waldhüterssohnes[156]).

Die faustdicke Lüge

Der König verspricht seine Tochter dem Mann, der beim Erzählen so dick aufträgt, dass die Prinzessin ausruft: „Das ist eine Lüge!" (AT 825). Das ist in höchstem Maße unwahrscheinlich.

In einem russischen Märchen verhält es sich noch so, dass der Zar, dem es gefällt, dass einer ihm auf Wunsch etwas vorlügt, einen Teller voll Gold auf den Tisch stellt und ein Schwert danebenlegt. Der Zar verliert die Fassung, als der alte Bauer vorträgt, er habe einem Hirten zugerufen: *„Guten Tag, lieber Schäfer!"* und der Hirte habe ihm geantwortet: *„Bin kein Schäfer, sondern des Zaren Vater!"* (Von dem Bauern, der gewandt zu lügen verstand[157].) – In einem ungarischen Märchen mit ähnlichem Ausgang verspricht der König dem Lügner seine Tochter. Hier soll der Großvater des Königs Schweinehirt gewesen sein (Jetzt lügst du![158]). – In einem Märchen aus Niederösterreich verspricht der König demjenigen, der ihm etwas sagen würde, was er nicht glauben könne, die Hand seiner Tochter und seinen Thron. Der Handwerksbursche Hans erzählt, er habe die Eltern des Königs gesehen, mit Lumpen bedeckt und eine Herde Schweine hütend (Alles glaubt der König doch nicht[159]). – In

---

[155]   Der Rätselkampf (AT 851). In: HANS-JÖRG UTHER (Hg.): Märchen vor Grimm. S. 65-66.
[156]   Die Rätsel des Waldhüterssohnes (AT 851). In: DER HEXEN-SCHLITTEN. S. 102-105.
[157]   Von dem Bauern, der gewandt zu lügen verstand (AT 852). In: REINHOLD OLESCH (Hg.): Russische Volksmärchen. S. 71-73.
[158]   Jetzt lügst du! (AT 852.) In: GYULA ORTUTAY (Hg.): Ungarische Volksmärchen. S. 470-472.
[159]   Alles glaubt der König doch nicht (AT 852). In: LEANDER PETZOLDT (Hg.): Märchen aus Österreich. S. 208-210. – Auch enthalten in: INGO REIFFENSTEIN (Hg.): Österreichische Märchen. S. 244-246.

einem deutschen Märchen aus Brandenburg ist es die Königstochter selbst, die den erfolgreichen Lügner heiraten will. Hier soll ein Prediger gesagt haben, die Königstochter sei eine Metze (Von der Königstochter, die den heiraten will, welcher ihr etwas erzählt, was sie nicht glaubt[160]). Der Lügner ist ein alter Invalide … Sie muss ihn zum Mann nehmen und ihn behalten bis an ihr Ende!

Wir stellen eine Steigerung fest, die von den Erzählern bewerkstelligt wurde, weil sie bestrebt waren, die Aufmerksamkeit ihres Publikums zu fesseln. Der soziale Unterschied zwischen der Königstochter und dem Helden dient demselben Zweck, ebenso die drastische Strafe, falls der Versuch misslingt. Der Held ist der Sohn eines armen Bauern oder Hirten oder Handwerkers, also jemand, mit dem der Zuhörer sich identifizieren konnte. Sein tollpatschiges Benehmen trug zur Erheiterung des Publikums bei. Was nach der Hochzeit geschieht, spielt keine Rolle.

Diese Märchen sind uralt, die älteste Aufzeichnung in einem auf deutschem Sprachgebiet verfassten lateinischen Gedicht stammt aus dem 10. Jahrhundert.[161] Die Fabel eignet sich vortrefflich als Rahmen für Lügenmärchen. Mir scheint der Einsatz einer Frau für eine faustdicke Lüge, ob sie nun Prinzessin ist oder nicht, erniedrigend und ehrenrührig.

Zur Lügenwette zwischen König und Bauer gibt es eine Parallele im Lügenwettkampf zwischen dem betrügerischen, diebischen Müller und einem Burschen, der ihn besiegt. Der Müller lügt, dass sich die Balken biegen, und der Bursche flunkert das Blaue vom Himmel herunter (AT 1920 „Der Lügenwettkampf"). Einem Erzähler in Mazedonien war das noch nicht genug: Er ließ den Burschen auch noch die Tochter des Müller gewinnen – die nimmt der gleich mit. Kein Aufgebot, keine

---

[160] Von der Königstochter, die den heiraten will, welcher ihr etwas erzählt, was sie nicht glaubt (AT 852). In: WALTRAUD WOELLER (Hg.): Deutsche Volksmärchen von arm und reich. S. 212-214.
[161] WALDEMAR LIUNGMAN: Die schwedischen Volksmärchen. S. 225.

Trauzeugen, keine Hochzeitsgeschenke (Der Müller Kos und der schlaue Bursche[162]). Gelogen, gelogen!

Das letzte Wort

In einem friesischen und in einem dänischen Märchen stellt ein Mann durch eine Umfrage fest, dass in der ganzen Stadt die Frauen immer das letzte Wort haben wollen (Wer das Sagen hatte[163]; Mann und Frau[164]). In der Witzliteratur zerbrechen Ehen aus eben diesem Grund. Also sind die Märchen von der Schlagfertigkeit (AT 853) unglaubwürdig, weil hier eine Ehe damit beginnt, dass eine Frau, die daran gewöhnt ist, das letzte Wort zu haben und durch ihr lockeres Mundwerk viele Freier abgewiesen hat, auf einmal klein beigeben muss. Noch dazu ist sie eine Prinzessin und der Bewerber ein hergelaufener Haderlump wie im deutschen Märchen „Schlagfertiger als die Königstochter"[165].

Der König hatte gemeint, der zukünftige Gemahl müsste seiner Tochter an Mutterwitz und Mundwerk wenigstens ebenbürtig sein. Aber das geht in diesem Fall schief, und die Prinzessin ruft ganz außer sich: *„Vater! Vater! Es ist verloren!"* Sie muss den dummen Hans heiraten, der erbt nach dem Tod des alten Königs das Reich und macht seine beiden Brüder zu seinen Ministern. *... und sie lebten noch lange glücklich miteinander.*

Also haben wir es eher mit einem Schwank denn mit einem Märchen zu tun.

---

[162]   Der Müller Kos und der schlaue Bursche (AT 1920). In: WOLF-GANG ESCHKER (Hg.): Mazedonische Volksmärchen. S. 216-221.
[163]   Wer das Sagen hatte (AT 1366A*). In: JURJEN VAN DER KOOI und BABS A. GEZELLE MEERBURG (Hg.): Friesische Märchen. S. 133-135.
[164]   Mann und Frau (AT 1366A*). In: KLARA STROEBE (Hg.): Nordische Volksmärchen. Bd. 1, S. 161.
[165]   Schlagfertiger als die Königstochter (AT 853). In: PAUL ZAUNERT (Hg.): Deutsche Märchen seit Grimm. Bd. 2, S. 179-182.

In einer Variante aus Niederösterreich eilt die Prinzessin zum König und klagt weinend, dass solch ein Tölpel ihr Gemahl werden müsse. Da fordert der König von Hans zusätzlich, den Ring zu besorgen, der ihm vor einiger Zeit gestohlen worden ist, und dann soll er auch noch sagen, was sich in einer verdeckten Schüssel befindet. Als Hans beide Aufgaben mit schlafwandlerischer Sicherheit löst, hat er gewonnenes Spiel, ... *und es ward zum größten Kummer der Prinzessin die Hochzeit gefeiert* (Der Brautwerber[166], AT 853 + 1641).

Grundverschieden im mazedonischen Märchen „Die geschwätzige Frau und die kluge Alte"[167] (AT 1429*). Hier bekommt eine Frau täglich Schläge von ihrem Mann, niemals ist sie vor ihm sicher. Endlich bittet sie eine Alte um Rat. Die Alte merkt sofort, was der Grund für die Schläge ist. Deshalb sagt sie zu ihr: *„Ich weiß ein Mittel, meine Tochter, dass dich dein Mann nicht mehr schlägt: Kaufe einen Krug, fülle ihn mit Wasser, wirf eine Handvoll Salz in das Wasser und bring ihn mir her, damit ich dir wahrsagen kann!" Die Alte zaubert etwas über den Krug und sagt schließlich: „Nun, meine Tochter, nimm den Krug und geh nach Hause, stelle ihn unter einen Balken und lass ihn dort drei Tage und drei Nächte stehen. Wenn dein Mann dann wieder einmal mit dir schimpft, dann antworte ihm nicht, sondern nimm den Krug mit beiden Händen und halte ihn an den Mund, als wenn du Wasser trinken würdest; und das so lange, wie dein Mann mit dir schimpft. So musst du es immer tun, wenn dein Mann mit dir schimpft, dann wird er dich auch nicht mehr schlagen!"*

Auf diese Weise entgeht die geschwätzige Frau den Schlägen und ist glücklich. Deshalb betet sie zu Gott, dass er der Alten Gesundheit und ein langes Leben schenke.

---

[166] Der Brautwerber (AT 853 + 1641). In: LEANDER PETZOLDT (Hg.): Märchen aus Österreich. S. 202-204.

[167] Die geschwätzige Frau und die kluge Alte (AT 1429*). In: WOLFGANG ESCHKER (Hg.): Mazedonische Volksmärchen. S. 251-252.

Müllersohn und Prinzessin

In der Geschichte, die Giambattista Basile verfasste, hinterlässt ein armer Mann seinen Söhnen ein Sieb und eine Katze. Die Katze bringt es zuwege, dass ihr Herr reich wird und eine Königstochter heiratet; zum Dank soll der Herr, wenn sie stirbt, ihren Körper einbalsamieren lassen und in einem goldenen Sarg aufbewahren. Doch dieser Herr ist ein Rüpel. Denn als die Katze sich totstellt, um ihn zu prüfen, ruft er seiner Frau zu, sie möge die Katze zum Fenster hinauswerfen (Gagliuso[168], AT 545). Ähnlich in einer sizilianischen Variante, mit dem Unterschied, dass hier ein Fuchs die Hauptrolle spielt. Der Fuchs stellt den Sohn des armen Mannes als Graf Birnbaum vor, weil der sein Brot nicht selbst verdienen kann und sich von einem Birnbaum ernährt (Vom Conte Piro[169]).

Das Märchen wurde in der von Charles Perrault verliehenen Fassung „Der gestiefelte Kater" weit und breit bekannt.[170]

Wir dürfen uns fragen, wie die Prinzessin mit einem Rüpel zurechtkam, doch weil die Geschichte nicht wahr ist, sondern frei erfunden, müssen wir uns deswegen keine Sorgen machen.

Das Grimm'sche Märchen „Der arme Müllerbursch und das Kätzchen" (KHM 106, AT 545 A) hat einen anderen Ausgangspunkt und einen völlig anderen Verlauf. Hier will ein alter Mann seine Mühle einem von den drei Müllerburschen überlassen, und zwar jenem, der das beste Pferd nach Hause bringt. Der Held dient sieben Jahre in einem verwunschenen Schloss, dessen Herrin, eine verzauberte Katze, schenkt ihm zuletzt ein wunderbares Pferd. Weil ihn die erlöste Prinzessin heiratet, kann er auf die Mühle verzichten.

---

[168] Gagliuso (AT 545). In: GIAMBATTISTA BASILE: Das Pentameron (II, 4). S. 139-145.

[169] Vom Conte Piro [Graf Birnbaum] (AT 545). In: LAURA GONZENBACH: Sicilianische Märchen. Zweiter Teil, S. 59-65.

[170] Der gestiefelte Kater (AT 545). In: ULF DIEDERICHS (Hg.): Französische Märchen. Bd. 1, S. 183-189.

König Drosselbart

Es geht um eine Königstochter, die über alle Maßen schön, aber dabei so stolz und übermütig ist, dass kein Freier auf sie Eindruck macht. Zuletzt schwört ihr Vater, sie müsse den ersten besten Bettler zum Mann nehmen, der vor seine Tür kommt – und das ist der als Spielmann verkleidete König, den sie selbst als *Drosselbart* verspottet hat, weil ihm das Kinn ein wenig krumm gewachsen war (KHM 52, AT 900).

Die Trauung findet statt, und die Königstochter zieht mit dem vermeintlichen Bettler fort. Der richtet es so ein, dass sie wieder und wieder gedemütigt wird: Sie muss Körbe flechten, spinnen, Töpfe verkaufen und im Königsschloss als Küchenmagd arbeiten. Die harten Weiden stechen ihr die zarten Hände wund – der harte Faden schneidet ihr in die weichen Finger. Als sie sich mit ihren Töpfen an eine Ecke des Marktes setzte, kommt ein trunkener Husar dahergejagt und reitet in die Töpfe hinein, sodass alles in Scherben zerspringt, und das ist kein anderer als ihr verkleideter Mann. Zuletzt gibt er zu, dass alles geschehen ist, um ihren stolzen Sinn zu beugen und sie für ihren Hochmut zu strafen. Worauf sie bitterlich weint und zugibt, großes Unrecht begangen zu haben … *Und die rechte Freude,* so lautet der Schlusssatz, *fing erst jetzt an.* Aber das kann ich nicht glauben.

Käseprobe und Schlickerlinge

Im Gegensatz zu all den Kriterien bei der Brautwahl, die bisher genannt worden sind, setzt ein Hirte den drei gleich schönen Schwestern auf den Rat seiner Mutter Käse vor und beobachtet, wie sie ihn anschneiden. Die eine verschlingt den Käse mit der Rinde, die andere schneidet die Rinde vom Käse ab, weil sie aber zu hastig ist, lässt sie noch viel Gutes daran und wirft das mit weg. Die dritte schließlich schält ordentlich die Rinde ab, nicht zu viel und nicht zu wenig. *Der Hirte erzählte das alles seiner Mutter, da sprach sie: „Nimm die dritte zu deiner Frau."* Das tat er und *lebte zufrieden und glücklich mit ihr.* (KHM 155 „Die Brautschau"[171], AT 1452).

Ein anderer Mann gibt sich beim Polterabend Rechenschaft, dass er eine falsche Wahl getroffen hat, in letzter Sekunde. Denn er schnappt auf, was seine Braut sagt, als sie ihr Dienstmädchen lustig tanzen sieht:

„Ach, wat kann dat Mäken springen
in minen Slickerlingen!"

Da fragt er nach und erfährt Folgendes: Wenn ein Knoten im Flachs war, hatte seine Braut gleich einen ganzen Haufen herausgerissen und neben sich zur Erde geschlickert. Das Dienstmädchen hatte den weggeworfenen Flachs zusammengesucht, gereinigt, versponnen und sich daraus ein hübsches Kleid weben lassen. Daraufhin trennt sich der Mann von seiner Braut, geht zu jener und wählt sie zu seiner Frau (KHM 156 „Die Schlickerlinge").

Man erzählte auch von einem Jüngling, der, um sein Mädchen zu prüfen, einen Schlüssel in ihrem Spinnrocken versteckt, und der Schlüssel befindet sich bei seinem nächsten Besuch noch an derselben Stelle (AT 1453). Ferner von einem Jüngling, der – weniger glaubhaft – unter den Fingernägeln des Mädchens Teig von einem lange zurückliegenden Backtag entdeckt (AT 1453).

Die geplante Heirat scheitert auch, als der künftige Schwiegervater oder das Mädchen selbst als Bettler verkleidet das Haus des Zukünftigen besuchen, wobei sie Armut, Unsauberkeit oder Hartherzigkeit feststellen (AT 1455).

---

[171] Das Märchen wurde aus der Sammlung von ERNST MEIER übernommen. Siehe: Deutsche Volksmärchen aus Schwaben. S. 110.

Die Rätselsprache
als gemeinsamer Nenner

Ein Anwalt lernt durch Zufall die Tochter eines Bauern kennen, welche die Rätselsprache versteht. Weil sie hübsch ist, einer ordentlichen, fleißigen Familie angehört und sich als weltkundig erweist, hält er um ihre Hand an. *Sie vermählten sich und lebten in glücklicher Ehe.* (Der Anwalt und der Bauer[172], AT 921 + 1533*.)

Was ist die Rätselsprache? Der Begriff beruht auf der – offenbar schon recht alten – Beobachtung, dass die Menschen beim Sprechen Metaphern und Metonymien verwenden. Bei der **Metapher** wird aufgrund einer wesentlichen Ähnlichkeit bildhaft ein Begriff durch einen anderen ersetzt. *Ein Katzensprung* = „eine kurze Strecke". – *Eine harte Nuss* = „ein schwieriges Problem". – *Käfig* = „Gefangenschaft". – *Licht in eine Sache bringen* = „rätselhafte Umstände aufklären". – *Den Hut nehmen* = „sich verabschieden" oder „kündigen". Bei der **Metonymie** wird aufgrund einer wesentlichen Beziehung ein Begriff durch einen anderen ersetzt. Die Beziehung ist örtlich: *Das ganze Land* = „alle Bewohner des Landes". – Die Beziehung ist zeitlich: *Wagen* steht für „Sommer" und *Schlitten* für „Winter". Ein Teil steht für das Ganze: *Ringe tauschen* = „heiraten". – Die Ursache wird mit der Wirkung vertauscht: *Kant studieren* = „die Werke von Kant studieren".

Jeder Mensch verwendet Metaphern und Metonymien, auch wenn er sich dessen nicht bewusst ist. *Sich blumig ausdrücken* bedeutet „Metaphern und Metonymien verwenden", „die Rede mit Metaphern und Metonymien schmücken", und es gibt Überlieferungen, die auf diese Möglichkeit aufmerksam machen. Siehe das litauische Märchen „Der Hof ist stumm, das Fenster blind"[173] (AT 921). Hier zweifeln die Brautwerber am Verstand eines Mädchens, bis ein alter Mann sie aufklärt:

---

172   Der Anwalt und der Bauer (AT 921 + 1533*). In: ALEXANDER MÄRKER (Hg.): Märchen aus Mallorca. S. 80-82.
173   Der Hof ist stumm, das Fenster blind (AT 921). In: DER HEXEN-SCHLITTEN. S. 152-153.

„Oh, ihr elenden Schwätzer! Ihr habt keine Ahnung und plappert einfach dahin, das Mädchen sei verblödet. Hört lieber auf mich. Das Mädchen ist weit klüger als ihr. Ich werde euch alles erklären: Der Hof ist stumm, weil es dort keinen Hund gibt. Gäbe es ihn, hätte er gebellt und dem Mädchen euer Kommen angezeigt. Das Fenster ist blind, weil keine Kinder da sind. Wären Kinder im Haus, hätten sie euch nahen sehen, und das Mädchen hätte sich ein Kleid angezogen. Die Elster ohne Schwanz im Zaun, das ist sie selber ohne Kleid hinter dem Webstuhl; sie wußte nicht, ob sie sitzenbleiben oder weglaufen und sich vor Scham verstecken sollte. Der Vater ging mit dem Stemmeisen angeln, das heißt, er ist zu einem hohlen Baum gegangen, um den Bienenstock herauszunehmen. Die Mutter hat die Lustkrankheit, das bedeutet, sie liegt in den Wehen. Und als sie fragte, ob ihr etwas zum Schlecken oder zum Spucken möchtet, meinte sie Honig und Fisch, denn man spuckt ja die Gräten aus. Zwischen den Schenkeln Gestampftes – das ist die Butter, und unter dem Schwanz herausgefallenes – das sind Eier. Seht ihr nun, liebe Kinder, daß ihr nichts begriffen und dem Mädel gar übel nachgeredet habt? Dabei ist sie weit klüger als ihr. Fahrt zurück und bittet um ihre Hand, Magda wird eine umsichtige Hausfrau."

Im zitierten mallorquinischen Märchen lässt sich der Bauer nach dem Abendessen von seiner Tochter erklären, was der Anwalt mit seinen Fragen und Bemerkungen eigentlich sagen wollte. Der Anwalt, der sich schon zum Schlafen ins Nebenzimmer zurückgezogen hat, belauscht das Gespräch und erkennt ihre Klugheit.

„Bruder, willst du mein Führer sein oder soll ich ihn machen?" Gemeint war: Ob der Bauer das Gespräch führen will oder ob der Anwalt es tun soll.

„Bruder, ist diese Gerste geschnitten?" Gemeint war: Ob der Eigentümer des Feldes Schulden hat – in diesem Fall ist das Getreide für ihn eben schon geschnitten.

„Bruder, ist dieser Mann, den man begraben will, tot oder lebendig?" Gemeint war: Wenn jener Tote selig geworden ist, bleibt er für immer am Leben, doch wenn er verdammt ist, so ist es dasselbe, als ob er tot wäre.

„Welch schönes Portal, wenn nur nicht ein Stück daraus fehlen würde." Gemeint war die Tochter des Bauern, die unter dem Portal stand und eine Zahnlücke hatte.

Es konnte nicht ausbleiben, dass irgendwelche Erzähler den Mann, der aus der blumigen Rede einer Frau auf ihren Verstand schließt, zum Prinzen erheben. So geschehen im Falle eines griechischen Märchens. Er heiratet sie, und sie feiern ein großes Fest – wie zu Ostern ... (Die Rätselsprache[174], AT 921 + 1533*).

Der Erzähler fügte hinzu: *Aber weder ich war dabei noch ihr, daß ihr es glauben müßtet.*

Die utopischen Triumphe
der Bauerntochter

Den Gutsherrn reizt die Anmut einer Bauerndirne, und er holt diese als Geliebte in sein Schloss. Nachdem er sie verbraucht hat wie man eine vom Strauch gerissene Blume verbraucht, schickt er sie zurück in die Kate ihrer Eltern. So etwas ist Millionen Male passiert, es handelt sich, aus einiger Distanz betrachtet, um einen banalen Vorfall. Eigentlich lockte dessen Geschichte keinen Hund hinter dem Ofen hervor. Trotzdem wurde eben diese Geschichte zum Kristallisationskern für ein beliebtes, weit verbreitetes, unsterbliches Märchen. Daraus ergibt sich die spannende Aufgabe, jene Umstände zu erhellen, die dazu führten, dass um ein ganz und gar gewöhnliches Sandkorn eine Perle gewachsen ist.

Die Aufgabe ist spannend, weil bereits mehrere Gelehrte den Märchentypus Aarne-Thompson 875 „Die kluge Bauerntochter" zum Gegenstand ihrer Forschungen gemacht und das Ergebnis in umfangreichen Abhandlungen dargelegt haben. Der Leydener Professor Jan de Vries (1890-1964), der sich auf ältere Arbeiten stützte, hat 262 Texte untersucht und war nach eigener Aussage lange Jahre mit ihrer Analyse beschäftigt. Allerdings gehören zu seiner Sammlung auch Aufzeichnungen,

---

174   Die Rätselsprache (AT 921 + 1533*). In: GEORGIOS A. MEGAS (Hg.): Griechische Volksmärchen. S. 252-256.

die im Extremfall nur ein einziges Motiv aus der langen Motivreihe des Typus enthalten – also auch Texte, welche, strenggenommen, nicht als Varianten gelten können. Die Monografie von Jan de Vries umfasst 439 Seiten und wurde 1928 veröffentlicht. Schon im folgenden Jahr publizierte der Prager Germanist Albert Wesselski eine Replik mit beeindruckend vielen ergänzenden bibliografischen Angaben. Nach dem Zweiten Weltkrieg hat der Kieler Germanist Kurt Ranke das bekannte bibliografische Material vervollständigt. Insgesamt sind über 600 Varianten des Märchens von der klugen Bauerntochter bekannt, darunter mehr als 80 deutsche. Der Name des Typus stammt von der Grimm'schen Variante, die in Hessen aufgezeichnet worden ist (KHM 94). Den drei genannten Autoren ging es um die geografische Verbreitung der Motive, die zum Typus AT 875 gehören, um die Herausbildung der europäischen Form, ferner um die genetische Abhängigkeit zwischen den Varianten. Keiner hatte sich vorgenommen, auf die oben gestellte Frage zu antworten.

Die Märchenforscher Johannes Bolte und Georg Polívka meinen im Gegensatz zu Theodor Benfey, dass die eigentliche Ausgestaltung der Erzählung mit der Heirat der Heldin und ihrer zeitweiligen Verstoßung durch den um sein Prestige besorgten Gatten nicht schon in Asien vor sich gegangen sei (wo man alte Texte mit spezifischen Rätselfragen und „schweren Aufgaben" gefunden hat), sondern erst in Europa. De Vries und Wesselski stimmen ihnen zu. Hier sei aber vermerkt, dass es eine usbekische Variante mit der Struktur der komplexen europäischen Varianten gibt – mit Heirat, Verstoßung und Aussöhnung (Das kluge Mädchen[175]), und zwar existiert dieser Text parallel zu einem anderen usbekischen Märchen, in dem ein scharfsinniges Mädchen einen habgierigen Bei in die Schranken weist (Die kluge Tochter[176]).

Ich möchte zunächst belegen, warum es sich bei der Verbindung des Gutsherrn mit der Bauerndirne, in der Fachsprache *sexueller Verkehr mit Abhängigen* genannt, um einen banalen Vorfall handelt. Bereits in

---

[175] Das kluge Mädchen (AT 875). In: ILSE LAUDE-CIRTAUTAS (Hg.): Märchen der Usbeken. S. 143-145.
[176] Die kluge Tochter (AT 875). In: USBEKISCHE VOLKSMÄRCHEN. S. 106-110.

einer Überlieferung, die bis in die Zeit zurückreicht, in der die Gentilordnung zerfallen ist, kommt ein König vor, der seinem Knecht die Frau wegnehmen will, wobei er vor Mord nicht zurückschrickt, siehe den Märchentypus AT 465 „Der um sein schönes Weib Beneidete". Aus dem Mittelalter bezeugt ist das Recht des Grundherrn auf die Brautnacht einer neuvermählten Hörigen, lateinisch *Ius primae noctis* genannt – „das Recht auf die erste Nacht". Im Lustspiel „Figaros Hochzeit" von Beaumarchais (uraufgeführt 1784) wird dieses Recht erwähnt. Der Graf Almaviva hat es zwar abgeschafft, doch gleich in der ersten Szene erfahren wir, dass er ein Auge auf die Kammerjungfer der Gräfin geworfen hat (das ist die Verlobte des Figaro) und ihr eine Mitgift geben will, die als Vorauszahlung für die erhofften Schäferstündchen gedacht ist. Der sexuelle Verkehr mit Abhängigen war aber keine Spezialität der Könige und der Grundherren. Er wurde auch auf den großen Bauernhöfen praktiziert, indem der Besitzer sich an den Mägden vergriff, besonders wenn die Bäuerin schwanger war. Daher stammt der alte Dienstbotenspruch „Wenn die Bäuerin im Salz liegt [d.h. im Wochenbett], kommt die Magd dran". Die Folgen der Beziehung trug übrigens allein die Magd.

Das wohlhabende Bürgertum kopierte den Adel. In einer Biografie des deutschen Physikers Georg Christoph Lichtenberg (1742-1799) wird vermerkt, dass im 18. Jahrhundert außereheliche Verhältnisse und uneheliche Kinder, sexueller Verkehr mit Abhängigen wie Köchinnen, Mägden, Dienstboten etc. und jede Form von Kuppelei zum Alltag gehörten.[177] Dass der Gutsherr des Märchens an Sex denkt, klingt u.a. in der ungarischen Variante vom Szeklermädchen an. Als der König von dessen Klugheit erfährt, schickt er dem noch minderjährigen Mädchen zwei Nüsse mit der Botschaft, es möge sie pflanzen und erst dann zu ihm kommen, wenn sie zu sprießen beginnen. Mit den Nüssen sind die Brüste gemeint (König Mátyás und das Szeklermädchen[178]). Die Erzähler haben dem König eine volkstümliche Metapher in den Mund gelegt. Auch eine litauische Variante lässt etwas von der Wahrheit durchschimmern. Wir

---

[177] RAINER BAASNER: Georg Christoph Lichtenberg. S. 10.
[178] König Mátyás und das Szeklermädchen (AT 875). In: GYULA ORTUTAY (Hg.): Ungarische Volksmärchen. S. 483-486, hier S. 484.

hören von einem Gutsherrn, der sich in seine junge Magd verliebt hat, doch weil er sich schämt, eine Magd zu heiraten, will er sich ihrer entledigen. Er stellt ihr zunächst „schwere Aufgaben" und scheut nicht davor zurück, zwei Hunde loszulassen, damit sie die junge Frau zerreißen (Von einer schlauen Magd[179]). In einer Sage aus dem Westerwald wird unverblümt mitgeteilt, dass der Ritter von Dernbach seine Gunst zeitweilig einer schönen Bauernmagd schenkt und sie hernach entlässt (Die kluge Bauernmagd[180]). In einer deutschen Variante aus Schlesien dagegen wird der sexuelle Aspekt ungeschickt verschwiegen: Hier darf das kluge Mädchen auf Einladung des Grafen im Schloss wohnen, bis die Leute über den Grafen lachen, dann will er es loswerden (Das Petersilien-Mädel[181]).

Es gibt einen Schwank, in dem ein Mann verulkt wird, der sich angemaßt hat, einen Tag lang die Arbeiten seiner Frau zu verrichten (AT 1408). Ein anderer Schwank macht sich über die Naivität einer Frau lustig, die es für möglich hält, dass ein Mann aus dem Himmel fallen und wieder dahin zurückkehrten kann (AT 1540). Hier wie dort spielt die Handlung unter Bauern; die Erzähler stellen somit zwei sozial gleichwertige Figuren auf die Waage. Zum Unterschied davon stoßen in dem Schwank „Bauer und Edelmann"[182] die Vertreter zweier Klassen zusammen. Ein Bauer wagt es im Vertrauen auf seinen Mutterwitz, dem Gutsherrn zu trotzen, und zuletzt zieht er sich sogar mit Gewinn aus dem Schloss zurück, wo er verhöhnt und verprügelt werden sollte. Die Texte mit der klugen Bauerntochter sind am ehesten mit diesem dritten Schwank vergleichbar. Bauerntochter und Gutsherr repräsentieren die zwei wichtigsten Klassen der feudalen Gesellschaft. Es bleibt aber nicht

---

[179] Von einer schlauen Magd, die ein Gutsherr geheiratet hat (AT 875). In: JOCHEN D: RANGE (Hg.): Litauische Volksmärchen. S. 200-203.
[180] Die kluge Bauernmagd (AT 875). In: HELMUT FISCHER: Sagen des Westerwaldes. S. 165.
[181] 's Pittersilje-Mädel (AT 875). In: Will-Erich Peuckert (Hg.): Schlesische Kinder- und Hausmärchen. S. 136-139.
[182] Bauer und Edelmann. In: WALTRAUD WOELLER (Hg.): Deutsche Volksmärchen von arm und reich. S. 50-53.

dabei, dass die Heldin des Märchens ihren Fuß ins Schloss setzt, wozu ihre Anmut gereicht hätte, sondern es gelingt ihr, im Einvernehmen mit dem Gutsherrn als seine Gemahlin im Schloss zu bleiben.

Unsere Bauerntochter stammt aus der ärmsten sozialen Schicht, und es entsteht der Eindruck, dass die Erzähler auf diesen Umstand Wert gelegt haben. In der Grimm'schen Variante ist sie die Tochter eines landlosen Bauern (Die kluge Bauerntochter[183], deutsch aus Hessen), in der zitierten ungarischen Variante die Tochter eines Szeklers, also eines Bergbauern (König Mátyás und das Szeklermädchen), in einer polnischen Variante die Tochter eines Viehhirten (Die kluge Kasia[184]), in einer bulgarischen Variante hütet sie die Schafe (Die Hirtin, die Zarin wurde[185]), in der siebenbürgisch-sächsischen Variante schließlich ist sie die Tochter des kinderreichen Burghüters (Der Burghüter und seine kluge Tochter[186]). Dort, wo es zum Streit zwischen Nachbarn oder zwischen Verwandten kommt, ist sie die Tochter des armen Mannes bzw. des armen Bruders, in der tschechischen Variante „Die Kluge vom Gebirge"[187] beispielsweise die Tochter eines Häuslers. Umgekehrt wird der Gutsherr öfter als König vorgestellt. Eigentlich ist jeder König ein potenzierter Gutsherr und zugleich der ranghöchste Repräsentant der herrschenden Klasse. So wie die Erzähler die Bauerntochter aus der untersten sozialen Schicht hervortreten lassen, haben sie den Gegenspieler an den obersten Rand des sozialen Spektrums geschoben. Außerdem ist es ein Zug des Märchens, zugleich mit einer vereinfachten Wiedergabe der sozialen Verhältnisse den König in die Handlung einzubinden, um die Spannung zu erhöhen.

---

[183]   Die kluge Bauerntochter (AT 875). KHM 94.

[184]   Die kluge Kasia (AT 875). In: HELENA KAPEŁUŚ und JULIAN KRZYŻANOWSKI (Hg.): Die Kuhhaut. S. 293-300.

[185]   Die Hirtin, die Zarin wurde (AT 875).   In: ELENA OGNJANOWA (Hg.): Bulgarische Märchen. S. 308-310.

[186]   Der Burghüter und seine kluge Tochter (AT 875). In: JOSEF HALTRICH: Sächsische Volksmärchen aus Siebenbürgen. S. 229-234.

[187]   Die Kluge vom Gebirge (AT 875). In: OLDŘICH SIROVÁTKA (Hg.): Tschechische Volksmärchen. S. 203-209.

Im Mittelalter war der Gutsherr auf seinem Besitztum für die Rechtsprechung zuständig. Er hielt Gericht über seine Leibeigenen und konnte sie zum Tode verurteilen. Manchmal tritt diese Funktion in den Vordergrund – wir hören nicht von einem Gutsherrn oder Edelmann, sondern von einem Richter (Das kluge Bauernmädchen[188], türkisch) bzw. von einem Oberrichter (Vom klugen Mädchen[189], tschechisch) bzw. von einem Stuhlrichter (Weiberwitz[190], slowakisch). In einer Variante aus Kärnten wendet sich der arme Bauer an einen Grafen, weil dieser Bauernrichter ist (Über die Weiberlist steht nichts auf[191]). Der oberste Richter im Land war der König. Weil dieser in allen Gerichtsfällen ein Urteil sprechen konnte, erweiterten sich mit seiner Einführung ins Märchengeschehen die Möglichkeiten zur Darstellung der Wirklichkeit.

Natürlich ist die Handlung eine Fiktion von A bis Z, denn eine Ehe zwischen Gutsherrn und Bauerntochter kam nicht in Frage. Wie streng gezogen die Standesgrenze selbst zwischen Adel und Bürgertum war, wissen wir aus Schillers Drama „Kabale und Liebe". Noch mehr: Das Bürgertum, welches vom Adel nicht anerkannt wurde, verachtete seinerseits den vierten Stand, ebenso blickten die wohlhabenden Bauern geringschätzig auf die armen Bauern sowie auf die Handwerker und Tagelöhner herab. Lichtenberg, Professor an der Göttinger Universität, lebte erst heimlich mit einer blutjungen Blumenverkäuferin zusammen, dann heimlich mit seiner Haushälterin.[192] Christiane Vulpius arbeitete in

---

[188] Das kluge Bauernmädchen (AT 875). In: OTTO SPIES (Hg.): Türkische Märchen. S. 148-150.

[189] Vom klugen Mädchen (AT 875). In: JAROMÍR JECH (Hg.): Tschechische Volksmärchen. S. 368-373.

[190] Weiberwitz (AT 875). In: PAVOL DOBŠINSKÝ: Der verwunschene Wald. S. 198-203.

[191] Über die Weiberlist steht nichts auf (AT 875). In: PAUL ZAUNERT (Hg.): Deutsche Märchen aus dem Donaulande. S. 157-163. – Auch enthalten in: KARL HAIDING (Hg.): Österreichs Märchenschatz. S. 234-240. – Enthalten ferner in: INGO REIFFENSTEIN (Hg.): Österreichische Märchen. S. 239-244.

[192] RAINER BAASNER: Georg Christoph Lichtenberg. S. 11-12.

einer Manufaktur für künstliche Blumen, als Goethe sie kennenlernte. Der Minister und Theaterdirektor Goethe zeigte sich mit der ehemaligen Arbeiterin fast nie in der Öffentlichkeit und ver-steckte sie, wenn Gäste kamen – sie saß dann nicht mit bei Tisch, sondern aß in der Küche. Von den Menschen seiner Gesellschaftsschicht wurde die Konkubine aus niederem Stand mit Verachtung behandelt. Schiller hat sich über diese Verbindung in einem Brief an seinen Freund Christian Gottfried Körner (1. November 1790) geringschätzig geäußert.[193] Das ist derselbe Schiller, der seinen Ferdinand ausrufen ließ: „... durchreißen will ich alle diese eisernen Ketten des Vorurteils ..." (Kabale und Liebe, 2. Akt, fünfte Szene).

Im Wien der Maria Theresia schmückte sich der Hochadel mit Mätressen, und jede Frau von Stand hatte zwei Männer. Die Frauen der Handwerker aber durften das Haus nur in männlicher Begleitung verlassen, sonst wurden sie von den Keuschheitskommissionen eingefangen und per Wasserschub an den Rand des Imperiums verschleppt.[194]

Erst nach achtzehn Jahren Gemeinschaft ließ Goethe sich mit Christiane trauen. Es geschah aus Dank für ihr tapferes Verhalten gegenüber den französischen Soldaten, die im Oktober 1806 während der Besetzung Weimars in sein Haus eingedrungen waren und sein Leben bedroht hatten. Aber auch dann galt sie nicht als gesellschaftsfähig. „Für die wirklich feinen Leute war es nun undenkbar, noch Einladungen in Goethes Haus anzunehmen, weil Christiane Vulpius als nominelle Frau Geheimrat ja nicht mehr versteckt werden konnte. Die Verbindung war nach damaligen Begriffen eine krasse Mesalliance, und dies war schlimmer als ein Liebesverhältnis zu einem Mädchen aus niederen Schichten. Derartige Verhältnisse kamen immer wieder vor. Doch wenn man sie nicht auflöste, sondern sie zur Dauereinrichtung machte und zuletzt sogar, wie Goethe, zu legitimieren suchte, dann verstieß man gegen die

---

[193]　HANS EGON GERLACH und OTTO HERRMANN: Goethe erzählt sein Leben. S. 261.
[194]　Siehe: EDURD VEHSE: Maria Theresia und ihr Hof. S. 17, 20-21, 66-68, 131-132, 158-159, 179-182, 183-192.

Ständegrenzen, und dies war ein viel schwerwiegenderer gesellschaftlicher Affront als eine vorübergehende Liaison."[195]

Zur Fiktion gehört einmal die Frage des Gutsherrn an das Bauernmädchen, ob es ihn heiraten wolle, dann selbstverständlich die Trauung, ferner die Abmachung zwischen den beiden: Sie mischt sich nicht in seine Angelegenheiten, und im Falle einer Trennung darf sie aus dem Schloss mitnehmen, was ihr am liebsten ist. Um zu ermöglichen, dass es zum wiederholten Schlagabtausch zwischen den Vertretern der zwei Klassen kommt, mussten die Erzähler die Unmöglichkeit einer solchen Ehe ignorieren, was nicht so schwer war, wie es auf den ersten Blick scheint, gibt es doch Märchen von einer Freundschaft zwischen Katze und Maus wie auch von einem Wettlauf zwischen Hase und Igel. Außerdem mussten die Erzähler den Charakter des Gutsherrn als erträglich erscheinen lassen, damit eine kluge Frau ihn als Ehemann akzeptieren kann. Er wird also nicht direkt als Lump oder Scheusal bezeichnet, sondern immer wieder durch sein Handeln gebrandmarkt, ich werde das zeigen. Wie die junge Frau mit der Sippschaft des Gutsherrn auskommt, wird verständlicherweise niemals dargestellt, die Erzähler umgehen dieses Problem. Das wäre die Erklärung dafür, warum der Gutsherr zwar Diener hat, denen er Befehle erteilt, aber keine Familienangehörigen. Unser Märchen ist ein Kompromiss zwischen Wunschtraum und bitterer Erfahrung.

Die Erzähler haben die Handlung auf eine konventionelle Ebene des zivilisierten Umgangs gelegt. Allerdings weichen sie unter dem Druck der Wirklichkeit mitunter von der Konvention ab, z.B. dort, wo der Gutsherr die Hunde auf das Mädchen hetzen lässt, als es der Einladung folgt. Kein anderes Moment könnte besser den Tatbestand der Fiktion bestätigen, denn es ist nicht möglich, dass ein Mensch Zuneigung für einen anderen Menschen empfinden kann, den er kurz vorher seiner Meute preisgegeben hat. (Und umgekehrt.) Bei der Hochzeit macht der Gutsherr mit der Bauerntochter ab, dass sie sich nicht in seine Tätigkeit als Richter einmischt, andernfalls ... „werde ich dich aus meinem Hause

---

[195]   KARLHEINZ SCHULZ: Goethe. S. 354.

verstoßen" (Königin Isabelle[196], deutsch aus Niedersachsen); ... „jage ich dich auf der Stelle davon" (Das kluge Mädchen[197], tschechisch); ... „jage ich dich noch am gleichen Tage aus dem Hause" (Weiberwitz[198], slowakisch); ... „werde ich dich nach Hause jagen" (Was ist des Königs Bart wert?[199], serbokroatisch aus dem kroatischen Küstenland).

Zur Fiktion gehört auch, dass der Gutsherr zuletzt anerkennt, die Bauerntochter sei klüger als er. Sie hat es durch ihre Antworten und Entschlüsse bewiesen. In einer schottischen Variante führt sie nach der Heirat das Gut besser als der Gutsherr selbst (Die sommersprossige Häuslerstochter mit den gestutzten Haaren[200]). Auf diese Weise widerlegt das Märchen die Vorstellung, dass Adelige von Natur aus gescheit, Leibeigene aber von Natur aus töricht seien. Die Bauerntochter könnte das Richteramt besser ausüben als der Gutsherr. Außerdem hat sie ein gutes Herz: Nach dem Prozess um das Füllen hilft sie heimlich dem Kläger, der ins Unrecht gesetzt worden ist, obwohl sie damit den Hausfrieden gefährdet.

Der Gutsherr greift nach dieser Frau wie nach einem Edelstein, mit dem man sich bei festlicher Gelegenheit schmückt. In Wirklichkeit schätzt er ihre Klugheit gar nicht, denn würde sie sich zu den Rechtsfällen äußern, die er zu lösen hat, käme alsbald ihre Überlegenheit ans Licht. Deshalb schaltet der Gutsherr ihre Klugheit sofort durch die erwähnte Abmachung aus.

---

[196]   Königin Isabelle (AT 875). In: WILHELM BUSCH: Aus alter Zeit. S. 26-30, hier S. 28.

[197]   Das kluge Mädchen (AT 875). In: JAROMÍR JECH (Hg.): Tschechische Volksmärchen. S. 285-290, hier S. 287.

[198]   Weiberwitz (AT 875). In: PAVOL DOBŠINSKÝ: Der verwunschene Wald. S. 198-203, hier S. 202.

[199]   Was ist des Königs Bart wert? (AT 875.) In: JOSEPH SCHÜTZ (Hg.): Die Glücksuhr. S. 9-16, hier S. 13.

[200]   Die sommersprossige Häuslerstochter mit den gestutzten Haaren (AT 875). In: CHRISTIANE AGRICOLA (Hg.): Schottische Volksmärchen. S. 330-335, hier S. 332.

Zunächst aber will er nicht an die Existenz eines gescheiten Menschen aus dem Bauernstand glauben, er will seinen Ohren nicht trauen. Ganz gleich, wie der Gutsherr in den einzelnen Varianten auf das scharfsinnige Mädchen aufmerksam wird, belegt seine Reaktion das eingefleischte Vorurteil der herrschenden Klasse. In zwei deutschen Varianten wird ein Bauer eingesperrt, der dem König einen goldenen Mörser gebracht hat. Als der König hört, der Bauer sei von seiner Tochter gewarnt worden, er werde sich in die Nesseln setzen, wenn er den gefundenen Mörser ohne Stößer abgebe, stellt er das Mädchen auf die Probe (Die kluge Bauerntochter[201], deutsch aus Hessen; Königin Isabelle[202], deutsch aus Niedersachsen). In der tschechischen Variante mit den zwei Brüdern will es der Herr Prokurator nicht mit dem reichen Bruder verderben, deshalb umgeht er eine Verhandlung und gibt den Kontrahenten Rätsel auf. Als der Häusler die richtigen Antworten bringt und gesteht, dass er sie von seiner Tochter hat, will der Herr Prokurator die Klugheit der Tochter prüfen (Die Kluge vom Gebirge[203]). In einer deutschen Variante aus Schlesien schickt der Graf seinen Schäfer zum Jahrmarkt – dort soll der Mann die Herde zu Geld machen, aus dem Erlös Salz kaufen und nachher sowohl das Salz als auch die Herde heimbringen. Nun weiß das Petersilien-Mädel Rat, das ist ein Mädchen, welches auf dem Markt Petersilie und anderen Grünkram verkauft, und als der Schäfer nach seiner Rückkehr vom Jahrmarkt Rechenschaft ablegt, will sich der Graf sofort von der Klugheit des Mädchens überzeugen (Das Petersilien-Mädel[204]). Ähnlich in einer rumänischen Variante aus der Walachei, nur ist es hier ein Kaiser, der seinem Verwalter die Aufgabe stellt, und die Lösung kommt

---

[201]   Die kluge Bauerntochter (AT 875). KHM 94.

[202]   Königin Isabelle (AT 875). In: WILHELM BUSCH: Aus alter Zeit. S. 26-30.

[203]   Die Kluge vom Gebirge (AT 875). In: OLDŘICH SIROVÁTKA (Hg.): Tschechische Volksmärchen. S. 203-209.

[204]   's Pittersilje-Mädel (AT 875). In: WILL-ERICH PEUCKERT (Hg.): Schlesische Kinder- und Hausmärchen. S. 136-139.

von der Tochter des Verwalters (Die weise Kaiserin[205]). In der ungarischen Variante mit dem Szeklermädchen soll ein Stein gehäutet werden. Als ein Szekler sich mit der Lösung meldet, ruft der König aus: „Wo hast du das gelernt, Szekler, dass ich dem Stein zuerst einmal das Blut abzapfen lassen soll? Du bist mir aber ein ganz Schlauer!" Und als der Mann zugibt, die Lösung komme von seiner Tochter, will sich der König das Mädchen näher ansehen (König Mátyás und das Szeklermädchen[206]). In der siebenbürgisch-sächsischen Variante gibt der König einer Gemeinde Rätsel auf und ist nur mit den Antworten des Burghüters zufrieden. „Ihr habt es getroffen, allein das habt Ihr nicht von Euch. Wenn Ihr nicht gleich gesteht, wer es Euch gesagt hat, so müsst Ihr in den tiefen Turmkeller." Und kaum hört der König von der Tochter, da will er auch schon prüfen, ob sie wirklich so klug ist: „Traget ihr diese zwei Fäden; sie soll mir daraus ein Hemd und ein Paar Unterhosen machen!" (Der Burghüter und seine kluge Tochter[207].)

Ein polnischer Text setzt noch eins drauf. Hier fährt ein vierzigjähriger Herr durch die Städte und über Land, um eine Frau mit Verstand zu finden, und zwar lange vergebens. Als ihm die Tochter seines Viehhirten ausrichten lässt, sie würde ihn nehmen, treibt der Antrag dem Herrn die Schamröte ins Gesicht. Um das Mädchen lächerlich zu machen, schickt er ihr gekochte Eier, die soll Kasia der Henne unterlegen, damit diese bis zur Hochzeit Küken ausbrütet (Die kluge Kasia[208]).

Im Märchen tritt die Klugheit der Bauerntochter zutage wie eine spontane Generation. Ihr Vater kann nicht auf die Rätselfragen antworten und ist durch die „schweren Aufgaben" überfordert, sie aber zieht die

---

[205] Împărăteasa înțeleaptă [Die weise Kaiserin] (AT 875). In: D. STĂNCESCU: Sur-Vultur. S. 92-95.

[206] König Mátyás und das Szeklermädchen (AT 875). In: GYULA ORTUTAY (Hg.): Ungarische Volksmärchen. S. 483-486.

[207] Der Burghüter und seine kluge Tochter (AT 875). In: JOSEF HALTRICH: Sächsische Volksmärchen aus Siebenbürgen. S. 229-234.

[208] Die kluge Kasia (AT 875). In: HELENA KAPEŁUŚ und JULIAN KRZYŻANOWSKI (Hg.): Die Kuhhaut. S. 293-300.

Lösungen aus dem Ärmel. Das sieht nach einer tollen Leistung aus. Bei Licht besehen haben die Erzähler eine gewöhnliche Leistung geschickt als etwas Besonderes dargestellt. Denn die Rätsel sind wie die Redensarten, Lieder und Spiele ein Teil der Folklore, der kontinuierlich von den Älteren an die Jüngeren weitergegeben wird. Weil die Rätsel Aspekte der Wirklichkeit beschreiben, die für alle Menschen gleich ist, bilden auch sie nicht das Eigentum nur einer sozialen Klasse. Der Gutsherr ist mit ihnen vertraut, und die Bauerntochter ist mit ihnen vertraut. Die Schlagfertigkeit der Bauerntochter macht bloß deshalb Eindruck, weil das Märchenpublikum ständig an den sozialen Unterschied zwischen den beiden und an das Prestige des Richteramtes denkt, vielleicht auch noch an die Schulbildung des Gutsherrn. Diesen Eindruck haben die Erzähler künstlich durch die Verlegenheit der Kontrahenten im Prozess um die Kuh (armer Bauer und reicher Bauer) angesichts der Rätselfragen verstärkt. Die Beispiele von Unlogik, mit denen das ungerechte Urteil des Gutsherrn im Prozess um das Füllen ausgehebelt wird, stammen ebenfalls aus der Folklore, wie noch gezeigt werden soll.

Laut Wesselski tritt in der älteren Märchenliteratur des Orients nicht ein Mädchen, sondern ein Knabe oder Jüngling mit besonderem Scharfsinn hervor; zuletzt steigt dieser zum König auf. Mithin stellt die Einführung des klugen Mädchens in die Folklore eine Neuerung dar.

Im Prozess um das Füllen werden die Rätselfragen nebenbei dazu benützt, um den reichen Bauern wegen seines Hochmuts zu verspotten. Eine der Fragen lautet: „Was ist am schnellsten in der Welt?" Die falsche Antwort: „Unser Hund, der bringt uns jeden Hasen." Die richtige Antwort: „Die Augen, die sind schneller als ein Geschoss." (Das kluge Mädchen[209], tschechisch.) Die falsche Antwort: „Mein Hengst." Die richtige Antwort: „Der Gedanke." (Die kluge Tochter des Armen[210], rumänisch aus der Moldau.) Der reiche Bauer antwortet genauso falsch, wenn

---

[209] Vom klugen Mädchen (AT 875). In: JAROMÍR JECH (Hg.): Tschechische Volksmärchen. S. 285-290, hier S. 285.

[210] Fata săracului cea isteaţă [Die kluge Tochter des Armen] (AT 875). In: PETRE ISPIRESCU: Legende sau basmele românilor. S. 161-169, hier S. 165.

gefragt wird, was am fettesten, am reichsten, am schönsten und am süßesten sei.

Der Prozess mit dem falschen Urteil, dessen Willkürlichkeit durch eine andere unlogische Behauptung offenkundig gemacht wird, kommt als Sujet auch bei weit entfernt lebenden Völkern vor, was auf ein hohes Alter schließen lässt (Wie der Schakal Recht bekam[211], Märchen aus Äthiopien; Der Streit zwischen Leopard und Gazelle[212], Märchen aus Angola; Mein Vater hat ein Kind geboren[213], Märchen aus Namibia). In den hier genannten Texten sind die handelnden Personen Tiere wie in den abendländischen Fabeln.

Um zu verstehen, wieso im Märchen neben dem Gutsherrn, der die eine Hauptklasse der feudalen Gesellschaft repräsentiert, nicht Leibeigene schlechthin auftreten, sondern arme Bauern und reiche Bauern, außerdem vom Gutsherrn unabhängige Personen: ein Fuhrmann, ein Gastwirt, ein Müller usw., müssen wir in Betracht ziehen, wann die Varianten des Märchens aufgezeichnet worden sind, nämlich im 19. Jahrhundert. Zwar wurzelt der Konflikt in den sozialen Verhältnissen des Mittelalters, doch spiegeln die Texte eine spätere Zeit wider, in der die Bauernschaft sozial differenziert war. Als die Varianten des Märchens aufgezeichnet wurden, war das Gewehr längst eine übliche Jagdwaffe (Der Burghüter und seine kluge Tochter[214], deutsch aus Siebenbürgen; Die Kluge vom Gebirge[215], tschechisch). Man benützte den Taler als

---

[211] Wie der Schakal Recht bekam. In: SÁRA KARIG und TIBOR BODROGI (Hg.): Das Herz der Sterne. S. 223-224.

[212] Der Streit zwischen Leopard und Gazelle. In: CHRISTA SERAUKY (Hg.): Der Streit mit Kalunga. S. 180-182.

[213] Mein Vater hat ein Kind geboren. In: SIGRID SCHMIDT: Tiergeschichten in Afrika. S. 28-30.

[214] Der Burghüter und seine kluge Tochter (AT 875). In: JOSEF HALTRICH: Sächsische Volksmärchen aus Siebenbürgen. S. 229-234, hier S. 233.

[215] Die Kluge vom Gebirge (AT 875). In: OLDŘICH SIROVÁTKA (Hg.): Tschechische Volksmärchen. S. 203-209, hier S. 208.

Zahlungsmittel (Das kluge Mädchen aus den Bergen[216], tschechisch). Man wusste von Amerika (Was ist das Schnellste auf der Welt?[217], griechisch). Man baute Mais an (Die kluge Tochter des Armen[218], rumänisch aus der Moldau). Das Porzellan war ein Begriff (Die kluge Tochter des Armen[219], griechisch aus Kreta). Man kannte den Kaffee (Das kluge Mädchen[220], tschechisch). Nun ist das Gewehr an sich schon im 14. Jahrhundert erfunden worden, aber es dauerte lange, bis das Jagdgewehr ein allgemein bekannter Begriff war. Die ersten als *Taler* bezeichneten Münzen sind im späten 15. Jahrhundert in Umlauf gekommen. Von dem Erdteil Amerika, 1492 entdeckt, spricht man erst seit dem 16. Jahrhundert. Der Mais, der aus Amerika stammt, wurde in Andalusien bereits 1525 und in der Türkei bereits 1574 feldmäßig angebaut, auf dem Umweg über die Türkei gelangte diese Kulturpflanze in die rumänischen Fürstentümer. Porzellan wird in Europa erst ab 1710 hergestellt. Im westlichen Europa öffneten die ersten Kaffeehäuser in der zweiten Hälfte des 17. Jahrhunderts, freilich vergingen noch etliche Jahrzehnte, bis der Kaffee zu einem allgemein bekannten Getränk geworden ist. Die Hütten der Gebirgsbauern hatten Butzenscheiben, doch dem Erzähler, der es für nötig hielt, diesen Zustand zu kommentieren, waren offenbar moderne Fensterscheiben bekannt (König Mátyás und das Szeklermädchen[221],

---

[216]   Das kluge Mädchen aus den Bergen (AT 875). In: BOŽENA NĚMCOVÁ: Das goldene Spinnrad. S. 349-357, hier S. 351.

[217]   Was ist das Schnellste auf der Welt? (AT 875) In: GEORGIOS A. MEGAS (Hg.): Griechische Volksmärchen. S. 138-143, hier S. 139-140.

[218]   Fata săracului cea isteață [Die kluge Tochter des Armen] (AT 875). In: PETRE ISPIRESCU: Legende sau basmele românilor. S. 161-169, hier S. 167.

[219]   Die kluge Tochter des Armen (AT 875).   In: PAUL KRETSCHMER (Hg.): Neugriechische Märchen. S. 73-75, hier S. 75.

[220]   Das kluge Mädchen (AT 875). In: JAROMÍR JECH (Hg.): Tschechische Volksmärchen. S. 285-290, hier S. 289.

[221]   König Mátyás und das Szeklermädchen (AT 875). In: GYULA ORTUTAY (Hg.): Ungarische Volksmärchen. S. 483-486, hier S. 486.

ungarisch). In den Städten sind die Butzenscheiben Anfang des 19. Jahrhunderts aus der Mode gekommen.

Sehen wir uns jetzt den Gutsherrn und Richter näher an. Seine hervorstechendste Eigenschaft ist der Dünkel. Er wundert sich darüber, dass ein Leibeigener bzw. ein armer Bauer kluge Antworten gibt, er wundert sich noch mehr, als er hört, dass die Antworten von einem Mädchen kommen. Er will vermeiden, dass seine Frau an seiner Stelle Recht spricht, weil er dadurch sein Ansehen verlieren würde. Beim Prozess lässt er sich von dem reichen Bauern bestechen oder will es mit ihm nicht verderben. Zuweilen vermeidet er aus diesem Grund eine Untersuchung des Falls und gibt den Kontrahenten stattdessen Rätsel auf. In einer ukrainischen Variante wählt er diesen Ausweg, weil er keine Lust hat zu überlegen, wer im Recht ist und wer nicht (Das weise Mädchen[222]). Die Herzlosigkeit des Gutsherrn äußert sich, als er dem Bauernmädchen, welches der Einladung gemäß zum Schloss kommt, seine scharfen Hunde entgegenschickt. Das Mädchen rettet sich, indem es den mitgebrachten Hasen oder die mitgebrachte Katze fallen lässt und dadurch die Meute von sich ablenkt. (Dasselbe Motiv begegnet im Schwank „Bauer und Edelmann".) Um sich bei der Hochzeit zu belustigen, lädt der Gutsherr alle seine Fronbauern ein und gibt ihnen Esslöffel, die einen Klafter lang sind, dann hat er seinen Spaß daran, wie sie sich plagen, ihren Mund zu erreichen. Als die junge Gutsherrin eingreift und den Bauern zeigt, wie einer dem anderen die Speisen reichen kann, packt ihn der Zorn (Von einer schlauen Magd[223], litauisch).

Das Märchenpublikum verglich die Bestechlichkeit des Richters und sein falsches Urteil einerseits mit Erfahrungen aus dem Alltag, andererseits mit Fakten aus der Folklore. Es gibt in der mündlichen Überlieferung Texte mit ausgefeilten Überlegungen zum Richteramt, und

---

[222] Das weise Mädchen (AT 875). In: P. V LINTUR (Hg.): Ukrainische Volksmärchen. S. 528-533. – Auch enthalten in: DAS FLIEGENDE SCHIFF. S. 373-377.

[223] Von einer schlauen Magd, die ein Gutsherr geheiratet hat (AT 875). In: JOCHEN D. RANGE (Hg.): Litauische Volksmärchen. S. 200-203.

zwar: Der Richter soll beide Parteien anhören. – Der Richter soll sich von der Stellung und vom Vermögen der Kontrahenten nicht beeindrucken lassen. – Der Richter soll beide Parteien von seiner Ansicht, die im Urteil zum Ausdruck kommt, überzeugen. Die Überlegungen zum Begriff der Gerechtigkeit gingen sehr weit. In einem ukrainischen Text tritt ein Richter auf, der sich selbst blendet, um unparteiisch bleiben zu können (Der blinde Richter[224] AT 926 C). Ob die ukrainische Landbevölkerung von der Göttin Justitia gehört hatte, die mit verbundenen Augen dargestellt wird, weiß ich nicht, ich bezweifle es. Sicher ist, dass sie dank der mündlichen Überlieferung eine gute Vorstellung von einer korrekt geführten Gerichtsverhandlung besaß.

Ein wichtiger Bestandteil vieler europäischer Varianten – nicht aller – ist der Prozess um das Füllen, an sich ein uraltes Motiv. Es kommt in afrikanischen Erzählungen vor, deren Handlung sich auf den Prozess und seine Vorgeschichte beschränkt. Dort entspricht dem Betrüger ein kräftiges Raubtier, dem Geschädigten ein schwächeres Tier oder ein Pflanzenfresser. In den europäischen Varianten behauptet der Betrüger, das Füllen stamme von seinem Hengst bzw. seinem Wallach, seinem Ochsen, seinem Esel, seinem Wagen oder, non plus ultra, von dem geborgten Wagenrad. Dieses Motiv hat eine gewisse Entwicklung erfahren. In einer Erzählung aus Namibia prozessieren Löwe und Schildkröte miteinander. Hier besitzt der Löwe einen Bullen, die Schildkröte aber Kühe mit Kälbern. Der Löwe hat die Kälber mit der Begründung weggenommen, dass die Kühe von seinem Bullen gedeckt worden sind (wofür übrigens gezahlt worden ist). Schon will die Versammlung der Ratsleute, die sich vor dem Löwen fürchten, die Kälber ihm zusprechen, als der Schakal eingreift. Der Schakal gibt vor, nicht an der Versammlung teilnehmen zu können, weil er dringend seinem Vater beistehen müsse, der eben ein Kind erwartet. Man bezeichnet ihn als Lügner, aber damit hat er gewonnen, denn wenn ein Mann keine Kinder gebären kann, dann kann der Bulle keine Kälber kriegen. Also muss der Löwe die Kälber

---

[224]   Der blinde Richter (AT 926 C). In: BOHDAN MYKYTIUK (Hg.): Ukrainische Märchen. S. 134-135.

zurückgeben (Mein Vater hat ein Kind geboren[225]). Ähnlich in einer Erzählung aus Angola (Der Streit zwischen Leopard und Gazelle[226]).

Doch in einer Erzählung aus Äthiopien, deren Handlung sich ebenfalls auf den Prozess und seine Vorgeschichte beschränkt, ist es anders. Erstens kommen *zwei* Muttertiere vor, nämlich eine Ziege und eine Kuh; diese Kuh hat ein Kälbchen, welches der Leopard heimlich neben der Ziege anbindet. Viel wichtiger scheint mir der zweite Unterschied. Die unlogische Behauptung des Leoparden wird nicht – wie oben – durch eine unlogische Behauptung gleichen Inhalts außer Kraft gesetzt („Männliche Tiere können keine Jungen zur Welt bringen"), sondern durch eine unlogische Behauptung, die sich auf einen anderen Tätigkeitsbereich bezieht. Der Pavian, der das Urteil sprechen soll, streicht mit den Fingern über einen Stein, als zupfe er Saiten, und macht auf diese Weise angeblich Musik. „Wenn eine Ziege ein Kalb zur Welt bringen kann", erklärt er dem Publikum, „kann man auch auf diesem Stein ein schönes Lied spielen." Da begehren die anderen Tiere auf, und der Leopard muss dem Schakal das Kalb zurückgeben (Wie der Schakal Recht bekam[227]).

In den Varianten des Märchens von der klugen Bauerntochter wird die Behauptung des Betrügers, das Füllen stamme von seinem Hengst (bzw. Wallach, Ochsen, Esel usw.) immer mit einer unlogischen Behauptung umgestoßen, die sich auf einen anderen Tätigkeitsbereich bezieht. Zum Beispiel:
- Man kann auf einem trockenen Platz fischen (Die kluge Bauerntochter[228], deutsch aus Hessen).

---

[225] Mein Vater hat ein Kind geboren. In: SIGRID SCHMIDT: Tiergeschichten in Afrika. S. 28-30.

[226] Der Streit zwischen Leopard und Gazelle. In: CHRISTA SERAUKY (Hg.): Der Streit mit Kalunga. S. 180-182.

[227] Wie der Schakal Recht bekam. In: SÁRA KARIG und TIBOR BODROGI (Hg.): Das Herz der Sterne. S. 223-224.

[228] Die kluge Bauerntochter (AT 875). KHM 94.

- Man kann im Sand fischen (König Mátyás und das Szeklermädchen[229], ungarisch).
- Man kann im Wasser mähen und auf dem Gras Fische fangen (Weiberwitz[230], slowakisch).
- Man kann auf den Bergen fischen (Die kluge Dirne[231], deutsch aus Niedersachsen). Man kann im Kornfeld Fische schießen (Der Burghüter und seine kluge Tochter[232], deutsch aus Siebenbürgen).
- Man kann in einem Tannenbaum fischen (Über die Weiberlist steht nichts auf[233], deutsch aus Kärnten).
- Die Fische springen aus dem Teich in den Obstgarten, um von den Früchten zu fressen (Das zauberkundige Mädchen und der Kaisersohn[234], rumänisch aus der Walachei).
- Der Karpfen frisst Lämmer (Die weise Kaiserin[235], rumänisch aus der Walachei).

---

[229] König Mátyás und das Szeklermädchen (AT 875). In: GYULA ORTUTAY (Hg.): Ungarische Volksmärchen. S. 483-486, hier S. 485-486.

[230] Weiberwitz (AT 875). In: PAVOL DOBŠINSKÝ: Der verwunschene Wald. S. 198-203, hier S. 202.

[231] Die kluge Dirne (AT 875). In: WALTRAUD WOELLER (Hg.): Deutsche Volksmärchen von arm und reich. S. 176-180, hier S. 179.

[232] Der Burghüter und seine kluge Tochter (AT 875). In: JOSEF HALTRICH: Sächsische Volksmärchen aus Siebenbürgen. S. 229-234, hier S. 233.

[233] Über die Weiberlist steht nichts auf (AT 875). In: PAUL ZAUNERT (Hg.): Deutsche Märchen aus dem Donaulande. S. 157-163, hier S. 162.

[234] Basmul fetei năzdrăvane cu feciorul de împărat [Das zauberkundige Mädchen und der Kaisersohn] (AT 875). In: B. P. HAȘDEU: Literatură populară. S. 275-277, hier S. 276.

[235] Împărăteasa înțeleaptă [Die weise Kaiserin] (AT 875). In: D. STĂNCESCU: Sur-Vultur. S. 92-95, hier S. 94.

- Die Frösche steigen nachts aus dem See, um Maismehl zu fressen (Die kluge Tochter des Armen[236], rumänisch aus der Moldau).
- Das Salz wächst in den Gräben am Seeufer (Die sommersprossige Häuslerstochter mit den gestutzten Haaren[237], schottisch).
- Man kann mit einer löchrigen Kelle Wasser schöpfen und mit der Gabel Suppe essen (Eine Hornochsengeschichte[238], italienisch aus der Toskana).

Die Erzähler sind noch weiter gegangen. In einigen europäischen Varianten finden wir das Motiv der zwei unlogischen Behauptungen *außerhalb* des Prozesses. Die erste davon erscheint als die vom Gutsherrn gestellte „schwere Aufgabe". Nachstehend einige Beispiele:
- Die Forderung: Aus zwei Docken Seide einen Bettbehang weben. Die Gegenforderung: Aus zwei kleinen Holzstiften einen Webstuhl anfertigen. (Die kluge Königin[239], dänisch.) Unter *Docke* versteht man ein kleines Bündel Fäden.
- Die Forderung: Gekochte Eier ausbrüten lassen. Die Gegenforderung: Erst aus gekochter Grütze Korn für die Küken wachsen lassen. (Die kluge Kasia[240], polnisch.)
- Die Forderung: Mit einem Gläschen das Meer ausschöpfen, damit ein trockenes Feld entsteht. Die Gegenforderung: Mit einem

---

[236] Fata săracului cea isteață [Die kluge Tochter des Armen] (AT 875). In: PETRE ISPIRESCU: Legende sau basmele românilor. S. 161-169, hier S. 167.

[237] Die sommersprossige Häuslerstochter mit den gestutzten Haaren (AT 875). In: CHRISTIANE AGRICOLA (Hg.): Schottische Volksmärchen. S. 330-335, hier S. 334.

[238] Eine Hornochsengeschichte (AT 875). In: HERBERT BOLTZ (Hg.): Toskanische Märchen. S. 146-149, hier S. 148.

[239] Die kluge Königin (AT 875). In: HEINZ BARÜSKE (Hg.): Dänische Märchen. S. 125-136, hier S. 130-131.

[240] Die kluge Kasia (AT 875). In: HELENA KAPEŁUŚ und JULIAN KRZYŻANOWSKI (Hg.): Die Kuhhaut. S. 293-300, hier S. 295.

Pfund Werg alle Quellen und Flussmündungen verstopfen. (Das Mädchen übertrifft den Zaren an Klugheit[241], serbokroatisch.)

- Die Forderung: Einem Stein die Haut abziehen. Die Gegenforderung: Erst dem Stein das Blut abzapfen. (König Mátyás und das Szeklermädchen[242], ungarisch.)
- Die Forderung: Den Boden eines zerbrochenen Topfes so annähen, dass man keine Naht sieht. Die Gegenforderung: Den Topf erst wenden. (Der Burghüter und seine kluge Tochter[243], deutsch aus Siebenbürgen.)
- Die Forderung: Einen Stein schlachten, sodass Blut aus ihm fließt. Die Gegenforderung: Dem Stein zuerst eine Seele geben. (Die Hirtin, die Zarin wurde[244], bulgarisch.)
- Die Forderung: Eine Weste aus Marmor anfertigen. Die Gegenforderung: Einen Faden aus Sand und eine Schere aus Meerwasser als Werkzeuge bereitstellen. (Die kluge Tochter des Großwesirs[245], griechisch aus Kreta.)

Zusammen ergeben die zwei Forderungen einen verkürzten Syllogismus mit hypothetischer Aussage: Die Erledigung der „schweren Aufgabe", was praktisch unmöglich ist, wird von einer Bedingung abhängig gemacht, die ebenso wenig erfüllt werden kann. Zum Beispiel:

---

[241]   Das Mädchen übertrifft den Zaren an Klugheit (AT 875). In: WOLFGANG ESCHKER (Hg.): Serbische Märchen. S. 194-198, hier S. 196.

[242]   König Mátyás und das Szeklermädchen (AT 875). In: GYULA ORTUTAY (Hg.): Ungarische Volksmärchen. S. 483-486, hier S. 483.

[243]   Der Burghüter und seine kluge Tochter (AT 875). In JOSEF HALTRICH: Sächsische Volksmärchen aus Siebenbürgen. S. 229-234, hier S. 231-232.

[244]   Die Hirtin, die Zarin wurde (AT 875).   In: ELENA OGNJANOWA (Hg.): Bulgarische Märchen. S. 308-310, hier S. 308-309.

[245]   Die kluge Tochter des Großwesirs (AT 875).   In: PAUL KRETSCHMER (Hg.): Neugriechische Märchen. S. 103-106, hier S. 103-104.

(1) Wenn du den Topf wendest, nähe ich ihm den Boden an.
(2) Du kannst den Topf nicht wenden.
(3) Also kann ich ihm den Boden nicht annähen.

Der Grund, warum das Bild des Gutsherrn im Märchen nicht voll der Wirklichkeit entspricht, wurde schon genannt: Die Erzähler mussten sich mäßigen, damit eine eheliche Verbindung zwischen dem Gutsherrn und einer klugen Frau aus einer untergeordneten sozialen Schicht überhaupt denkbar sei. Trotzdem bricht sich die Kritik an den sozialen Missständen Bahn. Sowohl der Gutsherr als auch die reichen Bauern kriegen ihr Fett ab. Die europäischen Varianten belegen durchgehend einen Gegensatz zwischen Arm und Reich. Sie zeigen, wie die reichen Bauern die armen übervorteilen und damit rechnen, dass die Obrigkeit sie gewähren lässt. Der Zar fragt zuerst den reichen Bruder, denn immer fängt man mit dem Reichen an, und den Armen schiebt man immer auf die Seite, heißt es in einer ukrainischen Fassung (Das kluge Mädchen[246]). In einer Variante aus Niedersachsen bauen reiche Bauern auf dem Acker eines armen Bauern einen langen Schafstall, ohne viel zu fragen (Königin Isabelle[247]). In einer anderen Variante aus Niedersachsen besieht der Pächter alle Jahre die Felder und findet jedes Mal, dass sein Hofmeister das beste Korn hat; da kündigt er ihm aus Neid den Dienst und verklagt ihn als Betrüger (Die kluge Dirne[248]). In einem ungarischen Text aus dem südlichen Burgenland wird geschildert, wie ein Schulze und die Priester die Leute schinden; König Mathias lässt den Schulzen hängen und zwingt die Priester, ihrerseits mit der Harke zu arbeiten (Die kluge Bauerntochter[249]). Jan de Vries und Albert Wesselski hatten kein Auge für die soziale

---

[246]   Das kluge Mädchen (AT 875). In: BOHDAN MYKYTIUK (Hg.): Ukrainische Märchen. S. 139-143, hier S. 140.
[247]   Königin Isabelle (AT 875). In: WILHELM BUSCH: Aus alter Zeit. S. 26-30, hier S. 26.
[248]   Die kluge Dirne (AT 875). In: WALTRAUD WOELLER (Hg.): Deutsche Märchen von arm und reich. S. 176-180, hier S. 176.
[249]   Die kluge Bauerntochter (AT 875). In: KÁROLY GAÁL: Die Volksmärchen der Magyaren im südlichen Burgenland. S. 176-178.

Problematik, aber die Frage, ob sie diese nicht sehen wollten oder nicht sehen durften, geht über den Rahmen unserer Betrachtung hinaus.

Wir sind geneigt, die schrecklichen Szenen in den Märchen von der klugen Bauerntochter als Auswüchse der feudalen Herrschaft zu betrachten, dabei gehörten sie zum Alltag, und dieser Alltag währte jahrhundertelang. Im Jahre 1812, am 20. September, wurde in dem von Deutschen bewohnten Dorf Tscheb an der mittleren Donau, damals im Königreich Ungarn gelegen, der Grundherr Leopold von Márffy überfallen und ermordet. Vierzehn Männer hatten sich in einem Maisfeld versteckt und mehrere Tage lang in dem Hinterhalt ausgeharrt, bis sie die Kutsche des Grundherrn erspähten. Als das Gespann sich näherte, stürmten sie hervor, schossen auf Márffy, traktierten ihn mit Beilen, Keulen und eisernen Hacken. Die gerichtlichen Ermittlungen gestalteten sich zunächst schwierig, weil niemand reden wollte. Erst nach Jahren wurden die Täter gefasst, sie waren Márffys eigene Untertanen. Wie sich vor Gericht zeigte, hatte sich praktisch das ganze Dorf gegen ihn verschworen. Márffy hatte die Bewohner von Tscheb ausgepresst und tyrannisiert. Er übervorteilte Witwen – er missbrauchte Frauen – er ließ Männer und sogar Schwangere verprügeln, zuweilen mit Todesfolge. Von den Gerichten hatte der gut vernetzte Grundherr wenig zu befürchten, war er doch wiederholt Obernotar im Komitat und Abgeordneter im Landtag. Die Prozesse der Dorfbewohner gegen ihn und ihre Eingaben bei der Kirche blieben erfolglos.[250]

Etwa hundert Jahre später, um 1900, hat sich das Drama des Knechts Melcher Pitt zugetragen, der in Perjamosch an der Marosch lebte, in meiner Banater Heimat. Vor dem Ersten Weltkrieg gehörte das Banat zum selben Ungarn. Der Großbauer Ernö Ahling, der sich in seinem Dorf aufführte wie Leopold von Márffy auf seinem Gut, wollte

---

[250]   KARL-PETER KRAUSS: Mord an der Donau. Leopold von Márffy und die deutschen Untertanen in Tscheb (1802-1812). Eine Mikrogeschichte der Gewalt. Oldenburg: de Gruyter, 2018.
   Die Ortschaft befindet sich heute in Serbien und heißt jetzt *Tschelarevo*. Sie liegt auf dem linken Ufer der Donau zwischen Plankenburg (Batschka Palanka) und Neusatz (Novi Sad).

Melcher mit einer von ihm entehrten Magd verheiraten. Eines Tages
drohte der Großbauer dem Knecht mit der Peitsche – doch der hielt eine
Mistgabel in der Hand. Aus Rache bewerkstelligte er mit falschen Zeu-
genaussagen, dass der Knecht zu vier Jahren Gefängnis verurteilt wird.[251]

Warum die Geschichte von der klugen Bauerntochter europaweit
großen Anklang gefunden hat, liegt auf der Hand. Ihr Erfolg ist einerseits
in der sozialen Aussage begründet, andererseits im Aufbau der Handlung,
deren Faden immer wieder zu Entscheidungen mit ungewissem Ausgang
führt, sodass die Spannung des Publikums nicht nachlässt.

Es wird gezeigt, dass der Leibeigene dem Gutsherrn geistig und
moralisch ebenbürtig ist – ja noch mehr als das: er ist ihm überlegen. Die
Welt wird verbessert, indem die Bauerntochter als Gutsherrin ins Schloss
einzieht und bei den Prozessen ein Mitspracherecht hat oder sogar selbst
entscheiden darf, sodass die Urteile gerecht ausfallen (Die kluge Königin[252], dänisch; Die Kluge vom Gebirge[253], tschechisch; Was ist das
Schnellste auf der Welt?[254], griechisch; Die kluge Tochter des Hirten[255],
rumänisch aus Bessarabien; Das kluge Mädchen[256], ukrainisch) – gerecht
aus der Sicht des Märchenpublikums, welches aus armen Bauern und anderen armen Leuten bestand. Diese zwei Gedanken bilden die soziale

---

[251]   FRANZ HEINZ: Ärger wie die Hund'. Aufzeichnungen. Bukarest: Kriterion, 1972. – Aachen: Rimbaud, 1991.
[252]   Die kluge Königin (AT 875). In: HEINZ BARÜSKE (Hg.): Dänische Märchen. S. 125-136, hier S. 136.
[253]   Die Kluge vom Gebirge (AT 875). In: OLDŘICH SIROVÁTKA
(Hg.): Tschechische Volksmärchen. S. 203-209, hier S. 209.
[254]   Was ist das Schnellste auf der Welt? (AT 875.) In: GEORGIOS
A. MEGAS (Hg.): Griechische Volksmärchen. S. 138-143, hier S. 142-
143.
[255]   Fata ciobanului cea înţeleaptă [Die kluge Tochter des Hirten] (AT
875). In: GRIGORE BOTEZATU: Făt-Frumos şi Soarele. S. 274-285,
hier S. 284-285.
[256]   Das kluge Mädchen (AT 875). In: BOHDAN MYKYTIUK (Hg.):
Ukrainische Märchen. S. 139-143, hier S. 143.

Aussage. Sie werden durch Anekdoten umgesetzt, die dem Publikum sicher auch gefallen haben, denn der Gutsherr zieht immer den Kürzeren, die Bauerntochter lässt ihn abblitzen. Als der Gutsherr ihren Vater oder sie selbst durch „schwere Aufgaben" in die Enge treiben möchte, findet sie souverän einen Ausweg. Die für sie gefährlichste Lage – als beim Tor des Schlosshofs die Hunde anstürmen – wird geradezu ins Lächerliche verkehrt, weil es ihr gelingt, die Meute durch einen Hasen oder eine Katze von sich abzulenken. Sie bringt dem Gutsherrn als Geschenk einen Vogel, und in dem Augenblick, als der Gutsherr nach dem Geschenk greift, gibt sie dem Vogel die Freiheit. In einer ukrainischen Variante ordnet der Gutsherr an, die zwei Stuten festzubinden und abzuwarten, zu welcher das Füllen läuft, doch weil beide Bauern an dem Füllen zerren, wird es scheu und läuft davon. Marusja dagegen rät, das Füllen anzubinden und die Stuten laufen zu lassen, und tatsächlich begibt sich die eine zu dem Füllen, während die andere abseits stehen bleibt (Das weise Mädchen[257], ukrainisch). Zu guter Letzt gibt die geschasste Gutsherrin ihrem Gemahl einen Schlaftrunk ein oder macht ihn betrunken und entführt ihn als ihr Liebstes in die Kate ihrer Eltern.

Die Momente mit ungewissem Ausgang bilden eine richtige Kette. Der Bauer trägt den goldenen Mörser zum König, obwohl die Tochter ihn vor diesem Gang warnt – wie wird der König sich äußern? Der König stellt der Tochter „schwere Aufgaben" – wie wird sie diese lösen? Der Gutsherr lässt die Hunde auf die Bauerntochter hetzen – kann sie noch entkommen? Der Gutsherr gibt den Kontrahenten im Streit um das Füllen Rätsel auf – wie lautet die richtige Antwort und wer wird diese finden? Der Geschädigte wendet sich an die Gutsherrin – wird sie ihm helfen? Der Geschädigte stellt sich dort, wo der Gutsherr spazieren geht, mit einem Fischernetz in eine Sandkuhle – wird der Gutsherr darauf eingehen? Der Gutsherr schickt seine Frau fort – ist damit alles zu Ende? Die Bauerntochter entführt den Gutsherrn – wie wird er reagieren? All diese Momente der Spannung verleihen dem Märchen zusammen mit den

---

[257] Das weise Mädchen (AT 875). In: P. V. LINTUR (Hg.): Ukrainische Volksmärchen. S. 528-533, hier S. 532. – Auch enthalten in: DAS FLIEGENDE SCHIFF. S. 373-377, hier S. 377.

Rätseln, den logischen Widersprüchen und den mehrdeutigen Aussagen einen hohen Unterhaltungswert.

Bei Lichte besehen sind die Märchen von der klugen Bauerntochter politische Märchen. Sie handeln vom Kampf zwischen den Vertretern zweier sozialer Klassen, wobei diese gleichzeitig die Vertreter der zwei Geschlechter sind. Die Erzähler zeigen, was für Unrecht die Leibeigenen durch den Gutsherrn und die armen Bauern durch die reichen Bauern erdulden müssen. Außerdem führen sie die angebliche geistige und moralische Überlegenheit des Adels ad absurdum. Der Kampf wird nicht mit Gewalt oder mit ökonomischen Mitteln geführt, sondern – in der Fiktion – mit den Waffen des Geistes ausgetragen. Er endet mit einer Versöhnung. Weil die armen Bauern keinen realen Ausweg aus dem Elend erkennen, findet ihr Aufstand nur in der Einbildung statt.

Die Heirat der Bauerntochter mit dem Gutsherrn, der gleichzeitig Richter ist (fallweise mit dem König selbst), stellt insoweit eine Neuerung dar, als in vielen Märchen älterer Prägung Gerechtigkeit dadurch zustande kommt, dass ein Mann aus dem Volk die Hand der Königstochter erringt und damit das Recht auf den Thron erwirbt. Es ist die zweite Neuerung nach der Einführung des klugen Mädchens anstelle des klugen Knaben in die Folklore. Wir dürfen uns fragen, ob die negativen Erfahrungen der Bauernaufstände und Bauernkriege zu der versöhnlichen, aber irrealen Lösung veranlasst haben.

Nach der Hochzeit

Aber sicher gibt es Märchen und Schwänke über das Verhalten der Eheleute, die miteinander nicht glücklich sind, auch in der Grimm'schen Sammlung:

- Der lange Lenz und die hagere Liese zanken, woran ihre Armut und schuld ist (KHM 168 „Die hagere Liese").
- Dem Mann ist nichts recht zu machen: Ganz gleich, ob die Hühner durcheinander oder ausgerichtet auf der Stange sitzen, er

packt seine Frau und verprügelt sie (Der streitsüchtige Mann[258], litauisch).

- Der Mann, ein Schuster, ist faul und trinkt (Die Königin und die Schustersfrau[259], belorussisch).
- Der Mann verbringt die Abende im Wirtshaus (Wie eine Frau ihren Ehemann besserte[260], friesisch).
- Mann und Frau streiten häufig, keiner will nachgeben. Sie können sich nicht einigen, wer den Wagen und die Ochsen vom Feld holen soll, die werden gestohlen (Wenn in der Ehe Zwietracht herrscht[261], ukrainisch).
- Mann und Frau können sich nicht einigen, ob der Vogel, den sie hören, ein Star oder eine Drossel ist, deshalb prügeln sie sich grün und blau. Als sie sich ein Jahr später auf derselben Wiese an den Vorfall erinnern, prügeln sie sich erneut (Star oder Drossel[262], litauisch).
- Mann und Frau geraten in Streit, ob es „rasiert" heißt oder „geschoren". Die Frau beharrt auf ihrer Meinung, selbst als der Mann sie prügelt und droht, sie in den Fluss zu werfen, was dann auch geschieht. Im Wasser kann sie nicht mehr sprechen, streckt aber

---

[258] Der streitsüchtige Mann. In: BRONISLAVA KERBELYTE (Hg.): Litauische Volksmärchen. S. 330.

[259] Die Königin und die Schustersfrau (AT 905 A*). In: L. G. BARAG (Hg.): Belorussische Märchen. S. 412-414.

[260] Wie eine Frau ihren Ehemann besserte. In: JURJEN VAN DER KOOI und BABS A. GEZELLE MEERBURG (Hg.): Friesische Märchen. S. 226-227. Die Herausgeber geben AT 1377 an, aber das ist falsch, weil hier nicht der Mann die Frau aussperrt, sondern die Frau den Mann.

[261] Wenn in der Ehe Zwietracht herrscht (AT 1351). In: BOHDAN MYKYTIUK (Hg.): Ukrainische Märchen. S. 203-205.

[262] Star oder Drossel (AT 1365). In: BRONISLAVA KERBELYTE (Hg.): Litauische Volksmärchen. S. 331.

noch den Arm aus und zeigt mit zwei Fingern: „Geschoren!" (Das streitsüchtige Eheweib[263], russisch.)

- Die Frau ist geizig (Ein Taler im Hemd[264], friesisch).
- Die Frau ist faul (Die Frau ohne Hemd[265], mazedonisch).
- Die Frau ist faul, weil sie als einziges Kind von ihren Eltern verzogen worden ist (Von der faulen Manka[266], tschechisch, AT 902* u.a.; Vom Beutel, der Kasia das Arbeiten lehrte[267], polnisch, AT 901; Das faule Frauenzimmer[268], ungarisch, AT 902*).
- Die Frau will nicht arbeiten und nicht schweigen (Die schlimmste aller schlimmen Frauen[269], serbokroatisch, AT 902*).
- Die Frau ist geschwätzig (Die geschwätzige Frau und die kluge Alte[270], mazedonisch, AT 1429*).
- Die Frau spuckt Gift und Galle (Der Widerspenstigen Zähmung[271], deutsch aus Mecklenburg, AT 901).

---

[263]   Das streitsüchtige Eheweib (AT 1365). In: ALEXANDER N. AFANASJEW: Russische Volksmärchen. Bd. 2, S. 894.
[264]   Ein Taler im Hemd. In: JURJEN VAN DER KOOI und BABS A. GEZELLE MEERBURG (Hg.): Friesische Märchen. S. 229-230.
[265]   Die Frau ohne Hemd (AT 1371**). In: WOLFGANG ESCHKER (Hg.): Mazedonische Volksmärchen. S. 256-257.
[266]   Von der faulen Manka (AT 902* + 1370 B* + 1383 + 1653 F). In: JAROMÍR JECH (Hg.): Tschechische Volksmärchen. S. 299-309.
[267]   Vom Beutel, der Kasia das Arbeiten lehrte (AT 901). IN: HELENA KAPEŁUŚ und JULIAN KRZYŻANOWSKI (Hg.): Die Kuhhaut. S. 303-305.
[268]   Das faule Frauenzimmer (AT 902*). In: ÁGNES KOVÁCS (Hg.): Ungarische Volksmärchen. S. 361-367.
[269]   Die schlimmste aller schlimmen Frauen (AT 902*). In: WOLFGANG ESCHKER (Hg.): Serbische Märchen. S. 309-312.
[270]   Die geschwätzige Frau und die kluge Alte (AT 1429*). In: WOLFGANG ESCHKER (Hg.): Mazedonische Volksmärchen. S. 251-252.
[271]   Der Widerspenstigen Zähmung (AT 901). In: SIEGFRIED NEUMANN (Hg.): Mecklenburgische Volksmärchen. S. 290-292.

- Die Frau hält es mit dem Nachbarn (Wie Hans der Bäuerin Buhl-schaft verriet[272], deutsch aus Niederösterreich; Hans und die Bäu-erin[273], tschechisch; Der lose Knecht[274], deutsch aus Siebenbür-gen; alle AT 1725).

In einem verbreiteten Schwank (AT 1408 „Der Mann macht die Arbeit der Frau") steht ausnahmsweise der Mann am Pranger. Der Schwank handelt davon, dass ein Bauer und seine Frau darüber streiten, wer von ihnen schwerer zu arbeiten hat. Also beschließen sie, für einen Tag die Arbeit zu tauschen – die Frau will pflügen, mähen bzw. Torf stechen und der Mann soll den Haushalt besorgen. Für den Mann endet der Tausch mit einem Fiasko (Wie der Mann die Hausarbeit lernte[275], tschechisch; Vom Mann, der seine Frau tadelte[276], polnisch; Wer hat schwerer zu arbeiten?[277] ukrainisch; Der Mann im Haushalt[278], friesisch;

---

[272]   Wie Hans der Bäuerin Buhlschaft verriet (AT 1725). In: LEAN-DER PETZOLDT (Hg.): Märchen aus Österreich. S. 149-151.

[273]   Hans und die Bäuerin (AT 1725). In: BOŻENA NĚMCOVÁ: Das goldene Spinnrad. S. 339-341.

[274]   Der lose Knecht (AT 1725). In: JOSEF HALTRICH: Sächsische Volksmärchen aus Siebenbürgen. S. 258-260. – Auch enthalten in: PAUL ZAUNERT (Hg.): Deutsche Märchen aus dem Donaulande. S. 274-276.

[275]   Wie der Mann die Hausarbeit lernte (AT 1408). In: JAROMÍR JECH (Hg.): Tschechische Volksmärchen. S. 348-350.

[276]   Vom Mann, der seine Frau tadelte (AT 1408). In: HELENA KA-PEŁUŚ und JULIAN KRZYŻANOWSKI (Hg.): Die Kuhhaut. S. 360-361.

[277]   Wer hat schwerer zu arbeiten? (AT 1408). In: BOHDAN MYKY-TIUK (Hg.): Ukrainische Märchen. S. 207-209.

[278]   Der Mann im Haushalt (AT 1408). In: JURJEN VAN DER KOOI und BABS A. GEZELLE MEERBURG (Hg.): Friesische Märchen. S. 227-229.

Mann und Frau tauschen ihre Arbeit[279], schwedisch). In der polnischen Variante ruft der Mann aus: *„Nie mehr bleibe ich statt deiner daheim, denn jetzt erst weiß ich, wieviel Arbeit im Haus zu verrichten ist."*

Zusammenfassend lässt sich sagen, dass die Ehe in den Märchen und Schwänken als ein von der Tradition vorgeschriebenes Zwangsverhältnis dargestellt wird, zu dem es nur eine mögliche Alternative gibt, und zwar den Ehebruch.

Denken wir an die Varianten von AT 560 „Der Zauberring". Hier kann der Held, von einfacher Abkunft, alle Forderungen des Königs oder Zaren erfüllen, weil er den vom Schlangenherrscher geschenkten Wunschring besitzt. Endlich gibt ihm der König seine Tochter zur Frau, die aber entwendet ihm den Wunschring und entschwindet mit dem Schloss und ihrem Geliebten. Dieser Geliebte ist: der Fürst der Letten, mit dem sie vorher verlobt war (Der Schlangenkönig[280], polnisch) – ein Zymbalspieler (Das Ringlein[281], belorussisch) – ein Mohr (Pahons Geschichte[282], rumänisch; Der Zauberring[283], bulgarisch). In einem deutschen Märchen aus Pommern besitzt ein ehemaliger Schweinehirt Wünscheldinge und verhilft dem König von Sibirien zum Sieg in einer entscheidenden Schlacht, worauf dieser ihn zum Feldmarschall ernennt und mit seiner Tochter vermählt. Die aber hält es nach wie vor mit einem

---

[279]   Mann und Frau tauschen ihre Arbeit (AT 1408). In: KURT SCHIER (Hg.): Schwedische Volksmärchen. S. 243-244.

[280]   Der Schlangenkönig (AT 560). In: EWA BUKOWSKA-GROSSE und ERWIN KOSCHMIEDER (Hg.): Polnische Märchen. S. 119-131.

[281]   Das Ringlein (AT 560). In: L. G. BARAG (Hg.): Belorussische Märchen. S. 187-199.

[282]   Povestea lui Pahon [Pahons Geschichte] (AT 560). In: ION POP RETEGANUL: Povești ardelenești. S. 190-197.

[283]   Der Zauberring (AT 560). In: KYRILL HARALAMPIEFF (Hg.): Bulgarische Volksmärchen. S. 92-102.

General, mit dem sie vorher verlobt war (Wie aus einem Schweinehirten ein König ward[284], AT 561 + 566 + 569).

Wie es in Zukunft sein dürfte, hat der Philosoph Friedrich Engels in seinem Werk vom Ursprung der Familie, des Privateigentums und des Staats umrissen, siehe den Schluss des Kapitels „Die Familie". Das geschah im Jahre 1883. Ich zitiere:

[...] Die Vorherrschaft des Mannes in der Ehe ist einfache Folge seiner ökonomischen Vorherrschaft und fällt mit dieser von selbst. Die Unlösbarkeit der Ehe ist teils Folge der ökonomischen Lage, unter der die Monogamie entstand, teils Tradition aus der Zeit, wo der Zusammenhang dieser ökonomischen Lage mit der Monogamie noch nicht recht verstanden und religiös outriert wurde. Sie ist schon heute tausendfach durchbrochen. Ist nur die auf Liebe gegründete Ehe sittlich, so auch nur die, worin die Liebe fortbesteht. Die Dauer des Anfalls der individuellen Geschlechtsliebe ist aber nach den Individuen sehr verschieden, namentlich bei den Männern, und ein positives Aufhören der Zuneigung, oder ihre Verdrängung durch eine neue leidenschaftliche Liebe, macht die Scheidung für beide Teile wie für die Gesellschaft zur Wohltat. Nur wird man den Leuten ersparen, durch den nutzlosen Schmutz eines Scheidungsprozesses zu waten.

Was wir also heutzutage vermuten können über die Ordnung der Geschlechtsverhältnisse nach der bevorstehenden Wegfegung der kapitalistischen Produktion, ist vorwiegend negativer Art, beschränkt sich meist auf das, was wegfällt. Was aber wird hinzukommen? Das wird sich entscheiden, wenn ein neues Geschlecht herangewachsen sein wird: ein Geschlecht von Männern, die nie in ihrem Leben in den Fall gekommen sind, für Geld oder andre soziale Machtmittel die Preisgebung einer Frau zu erkaufen, und von Frauen, die nie in den Fall gekommen sind, weder aus irgendwelchen andern Rücksichten als wirklicher Liebe sich

---

[284]   Wie aus einem Schweinehirten ein König ward (AT 561 + 566 + 569). In: ULRICH JAHN: Volksmärchen aus Pommern und Rügen. S. 175-182. – Auch enthalten in: WALTRAUD WOELLER (Hg.): Deutsche Volksmärchen. S. 419-429.

einem Mann hinzugeben, noch dem Geliebten die Hingabe zu verweigern aus Furcht vor den ökonomischen Folgen. Wenn diese Leute da sind, werden sie sich den Teufel darum scheren, was man heute glaubt, daß sie tun sollen; sie werden sich ihre eigene Praxis und ihre danach abgemeßne öffentliche Meinung über die Praxis jedes einzelnen selbst machen – Punktum. [...][285]

Schluss

Die Langform eines bekannten Märchens (im Aarne-Thompson-Katalog heißt es „Der dem Teufel versprochene Königssohn") beginnt gewöhnlich mit dem Krieg zwischen Vögeln und Vierbeinern, wobei die Vögel verlieren. In einer bretonischen Variante beginnt die Handlung mit einem Streit zwischen Winter und Zaunkönig.[286] „Ich werde dich besiegen, Kleiner!" sagt der Winter." – „Kann sein, wir werden ja sehen", antwortet der Zaunkönig. Nun zeigt der Winter seine Kunst: In der dritten Nacht wird es so kalt, dass die Schwänze der Ochsen an ihren Hintern festkleben. Der Zaunkönig aber hüpft nach wie vor fröhlich herum und singt wie im Mai. In der dritten Nacht hat er sich im Bett eines jungvermählten Paars versteckt. Bei welchem von den Paaren, die wir auf unserer Traumreise angetroffen haben, hätte der Zaunkönig Zuflucht finden können? Am ehesten noch bei den zwei Friesen, die sich die Treue hielten (Der arme Junge und die Tochter des reichen Bauern[287]).

Die Erzähler haben die Hochzeit idealisiert, so wie sie es als Glücksmoment im Leben junger Menschen verdient. Zugleich damit haben sie die Hochzeit schematisiert, weil sie sich als Abschluss einer Geschichte eignet.

---

[285] FRIEDRICH ENGELS: Der Ursprung der Familie, des Privateigentums und des Staats. S. 94-95.
[286] Der Winter und der Zaunkönig (AT 222 + 1062 + 1049 + 313). In: FREDERIK HETMANN (Hg.): Keltische Märchen. S. 137-144.
[287] Der arme Junge und die Tochter des reichen Bauern. In: ARNICA ESTERL: Das fliegende Schiff. S. 91-93.

Von dem erhebenden Gefühl, welches Liebende verbindet wie, sagen wir, Jorinde und Joringel (KHM 69, AT 405), ist in den meisten Fällen nicht die Rede. Kommt der Mann aus einem niederen Stand, scheitert die Ehe mit der Prinzessin am sozialen Unterschied. Aber selbst dann, wenn die Eheleute derselben sozialen Schicht angehören, ist die Harmonie nicht von vornherein gesichert. Märchen und Schwänke machen uns darauf aufmerksam.

Abgesehen davon hat das Patriarchat der Folklore seinen Stempel aufgedrückt. Die Prinzessinnen sind stolz, falsch und grausam, die Bäuerinnen und Handwerkerfrauen sind schwatzhaft oder rechthaberisch oder faul. Die Erzähler scheuten nicht davor zurück, jene dem Troll hörige Prinzessin als Tier zu bezeichnen. Um die Ehefrauen zu bekehren, greifen die Männer zu drastischen Mitteln.

Es gibt kaum einen Text, in dem die Tochter eines Bauern oder die Tochter eines Handwerkers sich den künftigen Ehemann auswählen darf. Bei der einen mir bekannten Ausnahme handelt es sich um das erfundene polnische Märchen „Die kluge Kasia"[288]; hier lässt die Tochter eines Viehhirten dem Gutsherrn ausrichten, sie würde ihn nehmen. Bei der anderen Ausnahme handelt es sich um das erwähnte Märchen aus Westfriesland. Hier gehen die Tochter eines Großbauern und der Sohn eines Tagelöhners gemeinsam zur Schule und finden Gefallen aneinander. Sie können aber erst heiraten, nachdem der Großbauer gestorben ist, der den unerwünschten Schwiegersohn von der Tochter fernhielt (Der arme Junge und die Tochter des reichen Bauern[289]).

Auch die Geschichten mit Ehebruch tragen den Stempel des Patriarchats, denn egal, in welcher Umgebung die Handlung sich zuträgt, ob in einem Schloss, auf einem Gutshof, in einem Bauernhaus oder im Hause eines Kaufmanns, immer ist die Frau derjenige Partner, der gegen

---

[288] Die kluge Kasia (AT 875). In: HELENA KAPEŁUŚ und JULIAN KRZYŻANOWSKI (Hg.): Die Kuhhaut. S. 293-300.

[289] Der arme Junge und die Tochter des reichen Bauern. In: ARNICA ESTERL: Das fliegende Schiff. S. 91-93.

das sechste Gebot verstößt. Bezeichnend für diese Auffassung ist das ungarische Märchen „Der schönste Mann der Welt"[290] (AT 1426*).

„Die Schwänke" [der Grimm'schen Sammlung], vermerkt Wilhelm Solms, „sind explizit frauenfeindlich und wurden meist in Gasthäusern einem männlichen Publikum erzählt und werden in Bauerntheatern noch immer aufgeführt. Die Frau wird vor allem als dumm dargestellt."[291]

Zu diesen Schwänken stelle ich das aus dem Orient stammende, weit verbreitete Märchen vom tiersprachenkundigen Mann (AT 670). Er darf nicht verraten, wie er seine besondere Fähigkeit erworben hat, sonst muss er sterben. Die Frau aber gibt keine Ruhe, nachdem sie wiederholt beobachtet hat, dass er laut auflachte, obwohl kein ersichtlicher Grund vorhanden war. Schließlich findet er sich mit seiner Lage ab und legt sich in einen Sarg. Da belehrt ihn sein Hahn, der über zahlreiche Hennen gebietet, wie er handeln soll – und er verprügelt die Frau.

Oft ist die Märchenhochzeit weit entfernt von der Stimmung, auf die folgenden Stammbuchverse gemünzt sind:

Zwei Herzen haben sich gefunden –
der holde Wahn hat sie gepackt.
In Liebe schlagen sie verbunden
voll Innigkeit in gleichem Takt.

Vom Gemüt der meisten Märchenhelden wäre der von Heinrich Heine verfasste „Gute Rat" abgeperlt wie ein Regentropfen von einem Stein. Ich zitiere ihn, um mit einem Lächeln zu schließen.

Hat versalzen Dir die Suppe
Deine Frau, bezähm die Wut,
sag ihr lächelnd: „Süße Puppe,
alles, was Du kochst, ist gut."

---

[290] Der schönste Mann der Welt (AT 1426*). In: ÁGNES KOVÁCS (Hg.): Ungarische Volksmärchen. S. 104-108.
[291] WILHELM SOLMS: Die Familie in Grimms Märchen. S. 132.

BIBLIOGRAFIE

Geschichte und Archäologie

BROME, VINCENT: So hat der Mensch gelebt. Der Weg unserer Zivilisation. [London.] München: Heyne, 1967.

HEIDRICH, K. SPECHT: Mykenische Geschichten. Gräfelfing: Mantis, 2004.

HERODOT: Historien. Deutsche Gesamtausgabe. Stuttgart: Kröner, 1971. 4. Aufl.

JOCKENHÖVEL, ALBRECHT, und KUBACH, WOLF (Hg.): Bronzezeit in Deutschland. [Stuttgart, 1994.] Hamburg: Nikol, 2000.

MITTERAUER, MICHAEL: Historisch-anthropologische Familienforschung: Fragestellungen und Zugangsweisen. Wien und Köln: Böhlau, 1990.

PROBST, ERNST: Deutschland in der Bronzezeit. Bauern, Bronzegießer und Burgherren zwischen Nordsee und Alpen. München: Bertelsmann, 1996.

SCHERTLER, OTTO: Die Kelten und ihre Vorfahren. Burgenbauer und Städtegründer. Augsburg: Battenberg, 1999.

SCHREIBER, HEINRICH: Die Feen in Europa. Eine historisch-archäologische Monographie. Freiburg im Breisgau: Groos, 1842.

THOMSON, GEORGE: Frühgeschichte Griechenlands und der Ägäis. [London, 1949.] Berlin/West: Das europäische Buch, 1980.

ZIMMER, STEFAN (Hg.): Die Kelten. Mythos und Wirklichkeit. Stuttgart: Theiss [2004] 2012. 3., aktualisierte und erweiterte Aufl.

Volkskunde und Völkerkunde

BÄCHTOLD-STÄUBLI, HANNS, unter Mitwirkung von HOFFMANN-KRAYER,
EDUARD (Hg.): HANDWÖRTERBUCH DES DEUTSCHEN ABERGLAUBENS. 10 Bde. [Berlin und Leipzig, 1927-1942.] Berlin und New York: de Gruyter, 2000. 3., unveränderte Aufl.

BRĂTULESCU, MONICA: Ceata feminină – încercare de reconstituire a unei instituţii tradiţionale româneşti. [Die Mädchen-Schar – Versuch der Rekonstruktion einer traditionellen rumänischen Institution.] In: REVISTA DE ETNOGRAFIE ŞI FOLCLOR. Bukarest: Editura Academiei Republicii Socialiste România. Tomul 23. Nr. 1/1978. S. 37-60.

BREDNICH, ROLF WILH.: Volkserzählungen und Volksglaube von den Schicksalsfrauen. Helsinki: Suomalainen Tiedeakatemia, 1964. [FF Communications No. 193.]

BUHOCIU, OCTAVIAN: Die rumänische Volkskultur und ihre Mythologie. Wiesbaden: Harrassowitz, 1974. Eine erweiterte Fassung ist in rumänischer Sprache veröffentlicht worden: Folclorul de iarnă, ziorile şi poezia păstorească. [Winterfolklore, Morgenlieder und Schäferdichtung.] Bukarest: Editura Minerva, 1979.

ERICH, OSWALD ADOLF: WÖRTERBUCH DER DEUTSCHEN VOLKSKUNDE. Begründet von OSWALD A. ERICH und RICHARD BEITL. Nachdr. der 3. Aufl. 1974, neu bearbeitet von RICHARD BEITL unter Mitarbeit von KLAUS BEITL. Stuttgart: Kröner 1981.

FAÏK-NZUJI, CLÉMENTINE: Die Macht des Sakralen. Mensch, Natur und Kunst in Afrika. Eine Reise nach Innen. Solothurn und Düsseldorf: Walter, 1993.

FAÏK-NZUJI, CLÉMENTINE M. und NGONGA-KEMBEMBE, HUBERT: Les traces du Grand Signe. Lecture sémiologique de symboles initiatiques. Brüssel: Lang, 2004.

FISCHER, MARTHE RENATE: Die Blöttnertochter. [Roman.] [1913.] Neu bearbeitet und herausgegeben von HERBERT VON HINTZENSTERN. Berlin/West: Evangelische Verlagsanstalt, 1977. 2 Aufl.

FRÂNCU, TEOFIL, und CANDREA, GEORGE: Românii din Munţii Apuseni (Moţii). [Die Rumänen aus dem Westgebirge (Die Motzen).] Bukarest: Gr. Luis, 1888.

FRAZER, JAMES GEORGE: Der goldene Zweig. Das Geheimnis von Glauben und Sitten der Völker. [Die zugrundeliegende Originalausgabe erschien 1922 in Cambridge. Es ist eine Kurzfassung der zwölfbändigen Ausgabe London 1907-1915.] Reinbek bei Hamburg: Rowohlt Taschenbuch Verlag, 1989.

FUCHS, PETER: Menschen der Wüste. Braunschweig: Westermann, 1991.

GARDI, RENÉ: Alantika. Vergessenes Bergland in Nordkamerun. Bericht über zwei Reisen im Abstand von fünfundzwanzig Jahren. Zürich: Buchklub Ex Libris, 1981.

GENNEP, ARNOLD VAN: Übergangsriten. [Paris, 1909.] Frankfurt am Main und New York: Campus; Paris: Edition de la Maison des Sciences de l'Homme; 1986.

GRIMM, JACOB: Deutsche Mythologie. 3 Bde. [Göttingen, 1835.] Vierte Ausgabe. Berlin: Dümmler, 1875-1878.

GUSINDE, MARTIN: Urmenschen im Feuerland. Vom Forscher zum Stammesmitglied. Berlin, Wien, Leipzig: Zsolnay, 1946.

HANIKA, JOSEF: „Bercht schlitzt den Bauch auf" – Rest eines Initiationsritus? In: HELMUT PREIDEL (Hg.): STIFTER-JAHRBUCH. 2. Jg. Gräfelfing bei München: Gans, 1951. S. 39-53.

HERSENI, TRAIAN: Forme străvechi de cultură poporană românească. Studiu de paleoetnografie a cetelor de feciori din Ţara Oltului. [Uralte Formen der rumänischen Volkskultur. Paläoethnografische Studie über die Schar der Burschen im Alt-Land.] Cluj-Napoca [Rumänien]: Dacia, 1977.

JENSEN, AD. E.: Beschneidung und Reifezeremonien bei Naturvölkern. Stuttgart: Strecker und Schröder, 1933.

KAHANE, MARIANA, und GEORGESCU, LUCILIA: Repertoriul de şezătoare – specie ceremonială distinctă. [Das Repertoire der Spinnstube – ein eigenständiges rituelles Genre.] In: REVISTA DE ETNOGRAFIE ŞI FOLCLOR. [Zeitschrift für Volkskunde und Folklore.] Bukarest: Editura Academiei Republicii Socialiste România. Tomul 13. Nr. 4/1968. S. 317-329.

MAGYAR NÉPRAJZI LEXIKON. [Ungarisches Lexikon der Volkskunde.] Budapest: Akadémiai Kiadó, 1979.

MYKYTIUK, BOHDAN GEORG: Die ukrainischen Andreasbräuche und verwandtes Brauchtum. Wiesbaden: Harrassowitz, 1979.

NICULIȚĂ-VORONCA, ELENA: Datinile și credințele poporului român. Adunate și așezate în ordine mitologica. [Die Bräuche und Glaubensvorstellungen des rumänischen Volkes, mythologisch geordnet.] 2 Bde. [Tschernowitz, 1903.] Bukarest: SAECULUM I. O., 1998.

OVID, eigentlich PUBLIUS OVIDIUS NASO: Fasti. Festkalender. Lateinisch-deutsch. Darmstadt: Wissenschaftliche Buchgesellschaft, 1995. (Lizenzausgabe des Artemis Verlags Zürich.)

PAMFILE, TUDOR: Mitologie româneasca. [Rumänische Mythologie.] [1916-1924.] Bukarest: „Grai și suflet – Cultura națională", 2000.

PREIDEL, HELMUT (Hg.): STIFTER-JAHRBUCH. Gräfelfing bei München: Gans, 1951.

RANKE-GRAVES, ROBERT VON: Griechische Mythologie. Quellen und Deutung. [Baltimore, London, New York, 1955.] Reinbek bei Hamburg: Rowohlt Taschenbuch Verlag, 1984.

REHBEIN, FRANZ: Landarbeiterleben. [Jena, 2011.] Illustriert und neu herausgegeben von GUNTRAM TURKOWSKI. Heide: Boyens, 2017.

REINSBERG-DÜRINGSFELD, O. FRH. VON: Fest-Kalender aus Böhmen. Ein Beitrag zur Kenntnis des Volkslebens und Volksglaubens in Böhmen. Prag: Kober, 1864.

SCHNEEWEIS, EDMUND: Serbokroatische Volkskunde. Erster Teil. Volksglaube und Volksbrauch. [Celje (Cilli), 1935.] Berlin/West: de Gruyter, 1961. Erweiterte Neuaufl.

SCHURTZ, HEINRICH: Altersklassen und Männerbünde. Eine Darstellung der Grundformen der Gesellschaft. Berlin: Reimer, 1902.

SÉBILLOT: Le Folk-Lore de France. 4 Bde. Paris: Librairie orientale & américaine, 1904-1907.

SOKOLOWA, SOJA: Das Land Jugorien. [1976.] Moskau: Progress; Leipzig: Brockhaus; 1982.

VÖLKERKUNDE FÜR JEDERMANN. Leipzig: Geographisch-Kartographische Anstalt Gotha/Leipzig [1966] 1967. 2. Aufl.

WASCHNITIUS, VIKTOR: Perht, Holda und verwandte Gestalten. Ein Beitrag zur deutschen Religionsgeschichte. Wien: Hölder, 1913.

WEBSTER, HUTTON: Primitive Secret Societies. A Study in Early Politics and Religion. [1908.] Second edition, revised. New York: Macmillan, 1932.

WESTERMANN, DIEDRICH: Die Kpelle. Ein Negerstamm in Liberia. Dargestellt auf der Grundlage von Eingeborenenberichten. Göttingen: Vandenhoeck & Ruprecht; Leipzig: Hinrichs; 1921.

WÖRTERBUCH DER DEUTSCHEN VOLKSKUNDE. Siehe unter ERICH, OSWALD ADOLF.

WUTTKE, ADOLF: Der deutsche Volksaberglaube der Gegenwart. [1860.] Dritte Bearbeitung von Elard Hugo Meyer. Leipzig: Ruhl, 1925. 4. Aufl.

Eheverhältnisse

BAASNER, RAINER: Georg Christoph Lichtenberg. Darmstadt: Wissenschaftliche Buchgesellschaft, 1992.

BERTHOLD, SYBILLE: „Mir geht's mit Goethen wunderbar". Charlotte von Stein und Goethe – die Geschichte einer Liebe. München: Langen Müller 1999.

BURG, PAUL: Leben und Lieben des Herzogs Carl August von Weimar. Nach den Quellen dargestellt. Weimar: Panses Verlag, 1928.

DAMM, SIGRID (Hg.): Christiane Goethe: Tagebuch 1816 und Briefe. Frankfurt am Main und Leipzig: Insel, 1999.

DEFFARGE, MARIE-CLAUDE, und TROELLER, GORDIAN: Frauen der Welt. Frankfurt am Main: ZWEITAUSENDEINS, 1984. (Dieses Buch basiert auf der Sendereihe „Frauen der Welt" von Radio Bremen.)

ENGELS, FRIEDRICH: Der Ursprung der Familie, des Privateigentums und des Staats. Im Anschluß an Lewis H. Morgans Forschungen. Berlin/Ost: Dietz, 1964. 7. Verbesserte und erweiterte Aufl. [Sie beruht auf der 1891 erschienenen Ausgabe letzter Hand.]

GERLACH, HANS EGON, und HERRMANN, OTTO (Hg.): Goethe erzählt sein Leben. Nach Selbstzeugnissen Goethes und Aufzeichnungen seiner Zeitgenossen zusammengestellt von … Frankfurt am Main und Hamburg : Fischer Bücherei, 1956.

HEINZ, FRANZ: Ärger wie die Hund'. Aufzeichnungen. Bukarest: Kriterion, 1972. Aachen: Rimbaud, 1991.

KRAUSS, KARL-PETER: Mord an der Donau. Leopold von Márffy und die deutschen Untertanen in Tscheb (1802-1812). Eine Mikrogeschichte der Gewalt. Oldenburg: de Gruyter, 2018.

NAMU, YANG ERCHE, und MATHIEU, CHRISTINE: Das Land der Töchter. Eine Kindheit bei den Moso, wo die Welt den Frauen gehört. [New York, 2003.] Berlin: Ullstein, 2003.

PRAUSE, GERHARD: Genies ganz privat. Tratschkes aktuelle Weltgeschichten. [Düsseldorf und Köln, 1975.] München: Deutscher Taschenbuch Verlag, 1994.

RULFFES, EVKE: Die Erfindung der Hausfrau. Die Geschichte einer Entwertung. Hamburg: HarperCollins, 2021.

SCHULZ, KARLHEINZ: Goethe. Eine Biographie in 16 Kapiteln. Stuttgart: Philipp Reclam jun., 1999. 2., durchgesehene Aufl.

VEHSE, EDUARD: Maria Theresia und ihr Hof. München und Leipzig: Rösl, 1924.

WESEL, UWE: Der Mythos vom Matriarchat. Über Bachofens Mutterrecht und die Stellung von Frauen in frühen Gesellschaften. Frankfurt am Main: Suhrkamp Taschenbuch Verlag, 1980.

ZEITEN DER NOT, KRANKHEIT, ALTER UND SCHWANGERSCHAFT. Ein Text aus der Dokumentation des Freilichtmuseums Neuhausen ob Eck bei Tuttlingen, Knechtskammer.

Erzählforschung

AARNE, ANTTI: THE TYPES OF THE FOLKTALE. A Classification and Bibliography. Antti Aarne's Verzeichnis der Märchentypen. (FF Communications No. 3.) Translated and Enlarged by STITH, THOMPSON. Second Revision. Helsinki: Academia Scientiarum Fennica, 1961. [FF Communications N:o 184.]

BÎRLEA, OVIDIU: MICĂ ENCICLOPEDIE A POVEŞTILOR ROMÂNEŞTI. [Kleine Enzyklopädie der rumänischen Erzählungen.] Bukarest: Editura ştiinţifică şi enciclopedică, 1976.

BOLTE, JOHANNES und POLÍVKA, GEORG: Anmerkungen zu den Kinder- und Hausmärchen der Brüder Grimm. Neu bearbeitet von ... 5 Bde. Leipzig: Dieterich'sche Verlagsbuchhandlung Theodor Weicher, 1913-1932.

DÉGH, LINDA: Märchen, Erzähler und Erzählgemeinschaften. Dargestellt an der ungarischen Volksüberlieferung. Berlin/Ost: Akademie-Verlag, 1962.

DETTMERING, PETER (Hg.): Kinder- und Hausmärchen der Brüder Grimm. Urfassung 1812-1814. Eschborn bei Frankfurt am Main: Klotz, 1997.

EBERHARD, WOLFGANG, und BORATAV, PERTEV NAILI: TYPEN TÜRKISCHER VOLKSMÄRCHEN. Wiesbaden: Steiner, 1953.

ENZYKLOPÄDIE DES MÄRCHENS. Handwörterbuch zur historischen und vergleichenden Erzählforschung. 15 Bde. Begründet von KURT RANKE. Herausgegeben von ROLF WILHELM BREDNICH u.a. Berlin/West und New York: de Gruyter, 1977-2015.

FABULA. Zeitschrift für Erzählforschung. Begründet von KURT RANKE. Herausgegeben von ROLF WILHELM BREDNICH und HANS-JÖRG UTHER. Berlin/West und New York: de Gruyter. Erscheint seit 1957.

FINK, HANS: Heinzelmännchen im Heuboden. Halbstarke im Dienste der Dorfgemeinschaft. Norderstedt: BoD – Books on Demand, 2022.

FINK, HANS: Im verwunschenen Schloss, im verbotenen Zimmer. Vorgeschichtliche Bräuche im Spiegel der Folklore. Norderstedt: BoD – Books on Demand, 2022.

FINK, HANS: Meine Ur-Oma in der Buschschule. Hintergründe der Zaubermärchen von den geraubten Königstöchtern. Norderstedt: BoD – Books on Demand, 2022.

FINK, HANS: Was einmal war. Das Körnchen Wahrheit in Märchen und Sagen. Norderstedt: BoD – Books on Demand, 2022.

GENNEP, ARNOLD VAN: La formation des légendes. Paris: Flammarion, 1917.

KÖHLER-ZÜLCH, INES, und SHOJAEI KAWAN, CHRISTINE: Schneewittchen hat viele Schwestern. Frauengestalten in europäischen Märchen. Beispiele und Kommentare. Gütersloh: Mohn, 1988.

LEVIN, ISIDOR: Über eines der ältesten Märchen der Welt. In: MÄRCHENSPIEGEL, herausgegeben von der Märchenstiftung Walter Kahn, München. Nr. 4/1994, S. 2-7.

LEYEN, FRIEDRICH VON DER: Das Märchen. Ein Versuch. Leipzig: Quelle und Meyer, 1911. Vierte, erneuerte Aufl. zusammen mit KURT SCHIER 1958.

LIUNGMAN, WALDEMAR: Die schwedischen Volksmärchen. Herkunft und Geschichte. [Djursholm, 1952.] Berlin/Ost: Akademie-Verlag, 1961.

LÜTHI, MAX: Das europäische Volksmärchen. Form und Wesen. Tübingen: Francke, [1947] 1985. 8. Aufl.

LÜTHI, MAX: Es war einmal. Vom Wesen des Volksmärchens. Göttingen: Vandenhoeck & Ruprecht, 1962.

LÜTHI, MAX: Märchen. Stuttgart: Metzlersche Verlagsbuchhandlung, 1964. 2., durchgesehene und ergänzte Aufl.

MÄRCHENSPIEGEL. Zeitschrift für internationale Märchenforschung und Märchenpflege. Herausgegeben von der Märchen-Stiftung Walter Kahn, München. Erscheint ab 1990.

MERKEL, JOHANNES: Hören, Sehen, Staunen. Kulturgeschichte des mündlichen Erzählens. Hildesheim, Zürich, New York: Olms, 2015.

NAGY, OLGA: Concretizări de timp şi spaţiu în basmele din Valea Gurghiului. [Zeit- und Ortsangaben in den Märchen des Gurghiu-Tals.] In: REVISTA DE ETNOGRAFIE ŞI FOLCLOR. Tomul 13. Nr. 6/1968. Bukarest: Editura Academiei Republicii Socialiste Românâ. S. 531-542.

OBERFELD, CHARLOTTE (Hg.): Wie alt sind unsere Märchen? Regensburg: Röth, 1990.

PANZER, FRIEDRICH: Beowulf. In: Ders.: Studien zur germanischen Sagengeschichte. 2 Bde. München: Beck, 1910. Bd. 1, S. 1-245.

PROPP, VLADIMIR: Die historischen Wurzeln des Zaubermärchens. [Leningrad, 1946.] München und Wien: Hanser, 1987.

PROPP, VLADIMIR: Morphologie des Märchens. Herausgegeben von Karl Eimermacher. Suhrkamp Taschenbuch Verlag, 1975.

RITZ, HANS: Die Geschichte vom Rotkäppchen. Ursprünge, Analysen, Parodien eines Märchens. Göttingen: Muriverlag, 1993. 11., erneut erweiterte Aufl.

RÖTH, DIETHER: KLEINES TYPENVERZEICHNIS DER EUROPÄISCHEN ZAUBER- UND NOVELLENMÄRCHEN. Hohengehren: Schneider, 1998.

RUMPF, MARIANNE: Rotkäppchen. Eine vergleichende Märchenuntersuchung. Frankfurt am Main, Bern, New York, Paris: Lang, 1989.

ŞĂINEANU, LAZĂR: Basmele române în comparaţiune cu legendele antice clasice şi în legătură cu basmele popoarelor învecinate şi ale tuturor popoarelor romanice. Studiu comparativ. [Die rumänischen Märchen im Vergleich mit den klassischen antiken Sagen, mit den Märchen der benachbarten Völker und aller romanischen Völker. Vergleichende Studie.] Bukarest: Litotipografia Göbl, 1895.

SCHERF, WALTER: DAS MÄRCHENLEXIKON. 2 Bde. München: Beck, 1995.

SIEGMUND, WOLFDIETRICH (Hg.): Antiker Mythos in unseren Märchen. Kassel: Röth, 1984.

SOLMS, WILHELM: Die Familie in Grimms Märchen. Marburg: Verlag LiteraturWissenschaft.de, 2021.

SPIES, OTTO: Orientalische Stoffe in den Kinder- und Hausmärchen der Brüder Grimm. Walldorf-Hessen: Vorndran, 1952. [Verlag für Orientkunde Dr. H. Vorndran.]

UHLAND, LUDWIG: Deutsche Volksrätsel. In: OTHMAR MEISINGER (Hg.): Bilder aus der Volkskunde. Frankfurt am Main: Diesterweg, 1920. S. 262-266.

VRIES, JAN DE: Betrachtungen zum Märchen, besonders in seinem Verhältnis zu Heldensage und Mythos. Helsinki: Academia Scientiarum Fennica, 1954.

VRIES, JAN DE: Die Märchen von klugen Rätsellösern. Eine vergleichende Untersuchung. Helsinki: Suomalainen Tiedeakatemia/ Academia Scientiarum Fennica, 1928. [FF Communications N:o 73.]

WESSELSKI, ALBERT: Der Knabenkönig und das kluge Mädchen. In: SUDETENDEUTSCHE ZEITSCHRIFT FÜR VOLKSKUNDE, 1. Beiheft. Prag: 1929.

WINTERSTEIN, ALFRED: Die Pubertätsriten der Mädchen und ihre Spuren im Märchen. In: SIGM. FREUD (Hg.): IMAGO. Zeitschrift für Anwendung der Psychoanalyse auf die Natur- und Geisteswissenschaften. Bd. 14. Leipzig, Wien, Zürich: Internationaler psychoanalytischer Verlag, 1928. S. 200-274.

Sammlungen von Märchen und Sagen

ACKERMANN, ERICH (Hg.): Märchen der Antike. Frankfurt am Main: Fischer Taschenbuch Verlag, 1981.

AFANASJEW, ALEXANDER N.: Märchen aus dem alten Russland. [Moskau, 1957.] Frankfurt am Main und Hamburg: Fischer Bücherei, 1966.

AFANASJEW, ALEXANDER N.: Russische Volksmärchen. [Moskau, 1855-1863.] 2 Bde. München: Deutscher Taschenbuch Verlag, 1985.

AGRICOLA, CHRISTIANE (Hg.): Schottische Volksmärchen. [Frankfurt am Main und Leipzig, 1991.] Frankfurt am Main: Zweitausendeins, 2001.

AICHELE, WALTHER, und BLOCK, MARTIN (Hg.): Zigeunermärchen. Düsseldorf-Köln: Diederichs, 1962.

AMBAINIS, OJĀRS (Hg.): Lettische Volksmärchen. Berlin/Ost: Akademie-Verlag, 1977.

APULEIUS VON MADURA: Der goldene Esel. Köln: Bartmann, 1955.

BAGEACU, VIOREL (Hg.): Padişahul şi vizirul. Basme persane. [Der Padischah und der Wesir. Persische Märchen.] Bukarest: Editura Minerva, 1971.

BARAG, L. G. (Hg.): Belorussische Volksmärchen. Berlin/Ost: Akademie-Verlag, 1970.

BARÜSKE, HEINZ (Hg.): Dänische Märchen. Frankfurt am Main und Leipzig: Insel, 1993.

BASILE, GIAMBATTISTA: Das Pentameron. [Neapel, 1634-1637.] Leipzig: Reclam, 1968.

BEGEGNUNG DER VÖLKER IM MÄRCHEN. Unveröffentlichte Quellen. (Titel einer im Jahresrhythmus veröffentlichten Sammlung. Siehe unter: „Von Prinzen, Trollen und Herrn Fro".)

BENEDEK, ELEK: Benedek Elek összes meséi. [Elek Benedeks sämtliche Märchen.] [1894-1896.] 4 Bde. Szegedin und Budapest: Szukits, 2001-2003.

BÎRLEA, OVIDIU (Hg.): Antologie de proză populară epică. [Anthologie epischer Volksprosa.] 3 Bde. Bukarest: Editura pentru literatură, 1966.

BOLTZ, HERBERT (Hg.): Venezianische Märchen. Frankfurt am Main: Fischer Taschenbuch Verlag, 1997

BOLTZ, HERBERT, unter Mitarbeit von VOLLMER, HEIDRUN (Hg.): Toskanische Märchen. Frankfurt am Main: Fischer Taschenbuch Verlag, 1999.

BONSACK, WILFRIED M. (Hg.): Der schwangere Kupferkessel. Tunesische Märchen und Geschichten. Zürich: Unionsverlag, 1996. [Die Erstausgabe erschien 1979 unter dem Titel „Dschuhas Abenteuer" in Leipzig.].

BOŠKOVIĆ-STULLI, MAJA (Hg.): Kroatische Volksmärchen. Düsseldorf-Köln: Diederichs, 1975.

BOTEZATU, GRIGORE: Făt-Frumos şi Soarele. Poveşti populare din Basarabia. [Der Märchenprinz und die Sonne. Volkserzählungen aus Bessarabien.] Bukarest: Minerva, 1995.

BRILL, TONY (Hg.): Legendele românilor. 3 Bde (Legendele cosmosului; Legendele florei; Legendele faunei). [Die Legenden der Rumänen. 3 Bde. (Legenden des Kosmos; Legenden der Flora; Legenden der Fauna.)] Bukarest: „Grai şi Suflet – Cultura Naţională", 1994.

BRUNOLD-BIGLER, URSULA (Hg.): Die drei Winde. Rätoromanische Märchen aus der Surselva, gesammelt von CASPAR DECURTINS. Chur: Desertina, 2002.

BUKOWSKA-GROSSE, EWA, und KOSCHMIEDER, ERWIN (Hg.): Polnische Märchen. Düsseldorf-Köln: Diederichs, 1967.

BUSCH, WILHELM: Aus alter Zeit. [München, 1910.] Leipzig: Insel, 1936.

CALVINO, ITALO: Die Braut, die von Luft lebte, und andere italienische Märchen. Gesammelt und nacherzählt von ... [Turin, 1956.] München und Wien: Hanser, 1993.

CHRISTENSEN, ARTHUR (Hg.): Persische Märchen. Augsburg: Bechtermünz [Weltbild], 1998.

CIBULA, VÁCLAV: Prager Sagen. [Prag, 1972.] Berlin/Ost: buchclub 65, 1981.

COLIN, VLADIMIR, und BAGEACU, VIOREL: Padişahul şi vizirul. Basme persane [Der Padischah und der Wesir. Persische Märchen]. Bukarest: Minerva, 1971.

COLSHORN, CARL, und COLSHORN, THEODOR: Märchen und Sagen aus Hannover. [1854.] Hildesheim und New York: Olms, 1975.

CZAMBEL, SAMO: Die goldene Frau. Slowakische Märchen. [Bratislava, 1969.] Berlin/Ost: Altberliner Verlag Lucie Groszer, 1972.

DAS FLIEGENDE SCHIFF. Ukrainische Volksmärchen. Kiew: Dnipro, 1983.

DER HEXENSCHLITTEN. Litauische Märchen. Berlin/Ost: Volk und Welt; Kultur und Fortschritt; 1973.

DIE RÄUBERNACHTIGALL. Belorussische Märchen. (Moskau, 1958; Minsk, 1958.) Berlin/Ost: Volk und Welt, 1969.

DIE SCHÖNE KULINE. Tschuwaschische Volksmärchen. Ausgewählt und aus dem Tschuwaschischen übersetzt von Iwan Serow, nacherzählt von Anneliese Probst. Berlin/Ost: Der Kinderbuchverlag Berlin, 1970.

DIEDERICHS, ULF, und HINZE, CHRISTA (Hg.): Hessische Sagen. Von der Schwalm und der Rhön bis zum Taunus und Odenwald, Hessen-Kassel, Hessen-Darmstadt und die Freie Stadt Frankfurt. Frankfurt am Main und Berlin/West: Ullstein, 1986.

DIEDERICHS, ULF (Hg.): Französische Märchen. Märchen vor 1800. Augsburg: Bechtermünz [Weltbild], 1998.

DIRR, ADOLF (Hg.): Kaukasische Märchen. Jena: Diederichs, 1920.

DOBŠINSKÝ, PAVOL: Der verwunschene Wald. Bratislava: Mladé letá, 1976. (Die zweite Auswahl aus der Sammlung slowakischer Märchen von Pavol Dobšinský.)

DOBŠINSKÝ, PAVOL: Slowakische Märchen. Prag: Artia, 1963.

ENDERLE, URSULA (Hg.): Märchen der Völker Jugoslawiens. [Belgrad, Skopje, Ljubljana, 1978.] Leipzig: Insel-Verlag Anton Kippenberg, 1990.

ESCHE, ANNEMARIE (Hg.): Märchen der Völker Burmas. Kommentiert unter Mitarbeit von HEINZ MODE und RALPH TRÖGER. [Leipzig, 1976.] Frankfurt am Main und Leipzig: Insel, 1993.

ESCHKER, WOLFGANG (Hg.): Mazedonische Volksmärchen. München: Diederichs, 1989.

ESCHKER, WOLFGANG (Hg.): Serbische Märchen. München: Diederichs, 1992.

ESTERL, ARNICA: Das fliegende Schiff. Zaubermärchen und Sagen aus Westfriesland. Erzählt von ... Stuttgart: Verlag Freies Geistesleben, 1990.

FÁBIÁN, IMRE: Eredeti népmesék Biharból. [Echte Volksmärchen aus dem Bihor-Gebiet.] Nagyvárad/Oradea [Rumänien]: Literator, 2001.

FINK, HANS: Eisacktaler Sagen, Bräuche und Ausdrücke. Innsbruck: Wagner, 1972.

FINK, HANS: Salige und Unholde. Frauengestalten der Alpensage. Bozen: Athesia, 1996.

FINK, MARTIN (Hg.): Pfullinger Sagen. Pfullingen, 1999. 3. erweiterte Aufl.

FISCHER, HELMUT: Sagen des Westerwaldes. Montabaur: Westerwald-Verein, o. J.

FRÜH, SIGRID (Hg.): Die Frau, die auszog, ihren Mann zu erlösen. Europäische Frauenmärchen. Frankfurt am Main: Fischer Taschenbuch Verlag, 1985.

GAÁL, KÁROLY: Die Volksmärchen der Magyaren im südlichen Burgenland. Berlin/West: de Gruyter, 1970.

GAŠPARÍKOVÁ, VIERA, JECH, JAROMÍR, KAPEŁUŚ, HE-LENA, NEDO, PAUL (Hg.): Die gläserne Linde. Westslawische Märchen. Bautzen: Domowina,1972.

GERAMB, VIKTOR VON (Hg.): Kinder- und Hausmärchen aus der Steiermark. Graz: Leykam, [1941] 1967. 4. Aufl., bearbeitet von KARL HAIDING.

GONZENBACH, LAURA: Sicilianische Märchen. Erster und zweiter Teil. [Leipzig, 1870.] Hildesheim und New York: Olms, 1976.

GRIMM, BRÜDER GRIMM: Kinder- und Hausmärchen. [Göttingen, 1857.] 3 Bde. Ausgabe letzter Hand. Mit den Originalanmerkungen der Brüder Grimm. Mit einem Anhang sämtlicher, nicht in allen Auflagen veröffentlichter Märchen und Herkunftsnachweisen herausgegeben von HEINZ RÖLLEKE. 3 Bde. Stuttgart: Reclam, 1984.

HAHN, J. G. v.: Griechische und albanesische Märchen. Erster und zweiter Teil. Leipzig: Engelmann, 1864.

HAHN, JOHANN GEORG VON: Griechische Märchen. Nördlingen: Greno, 1987.

HAIDING, KARL (Hg.): Märchen und Schwänke aus Oberösterreich. Berlin/West: de Gruyter, 1969.

HAIDING, KARL (Hg.): Österreichs Märchenschatz. Wien: Pro domo, 1953.

HALLER, KARL: Volksmärchen aus Österreich. Aus dem Volksmund, aus Zeitschriften und Büchern gesammelt und herausgegeben von .... Wien, Stuttgart, Leipzig: Loewes Verlag Ferdinand Carl, o.J.

HALTRICH, JOSEF: Sächsische Volksmärchen aus Siebenbürgen. [Berlin 1856 unter dem Titel „Deutsche Volksmärchen aus dem Sachsenlande in Siebenbürgen".] Bukarest: Kriterion, 1971.

HAMBRUCH, PAUL (Hg.): Südseemärchen. Aus Australien/ Neu-Guinea/ Fidji/ Karolinen/ Samoa/ Tonga/ Hawaii/ Neu-Seeland u. a. Jena: Diederichs, 1921.

HAMMER, WOLFGANG, und ARNOLD, RAINER (Hg.): Als das Buschferkel fliegen wollte. Märchen aus Zaire. Leipzig und Weimar: Kiepenheuer, 1990.

HARALAMPIEFF, KYRILL (Hg.): Bulgarische Volksmärchen. Düsseldorf-Köln: Diederichs, 1971.

HAȘDEU, B. P.: Literatură populară. Basme populare românești. [Volksdichtung. Rumänische Volksmärchen.] Bukarest: „Grai si suflet – Cultura națională", 2000.

HAȘDEU, BOGDAN PETRICEICU: Omul de Flori. Basme și legende populare românești. [Der Blumenmann. Rumänische Volksmärchen und -sagen.] Bukarest: SAECULUM I. O. und Vestala, 1997.

HETMANN, FREDERIK (Hg.): Märchen aus Wales. Düsseldorf und Köln: Diederichs, 1982.

HETMANN, FREDERIK (Hg.): Keltische Märchen. Irland, Schottland, Wales, Bretagne. Frankfurt am Main: Fischer Taschenbuch Verlag, 1975.

HETMANN, FREDERIK (Hg.): Roter Drache, grünes Tal. Märchen aus Wales. Frankfurt am Main: Fischer Taschenbuch Verlag, 1987.

HEYL, JOHANN ADOLF: Volkssagen, Bräuche und Meinungen aus Tirol. [1897.] Bozen: Athesia, 1989.

HUBE, HANS-JÜRGEN (Hg.): Du alter Riesenhupf! Schwedische Märchen. Leipzig: Reclam, 1974.

ISPIRESCU, PETRE: Legende sau basmele românilor. [Legenden oder die Märchen der Rumänen.] [Bukarest, 1872.] Bukarest: Cartea româneasca, 1988. [Gesamtausgabe der Märchen.]

JAHN, ULRICH: Volksmärchen aus Pommern und Rügen. [Norden und Leipzig, 1891.] Hildesheim und New York: Olms, 1977.

JECH, JAROMÍR (Hg.): Tschechische Volksmärchen. [Berlin/Ost, 1961.] Berlin/Ost: Akademie-Verlag, 1984. 2., vollständig bearbeitete und erweiterte Aufl.

KAPEŁUŚ, HELENA, und KRZYŻANOWSKI, JULIAN (Hg.): Die Kuhhaut. Hundert polnische Volksmärchen. Leipzig und Weimar: Kiepenheuer, 1987.

KARIG, SÁRA, und BODROGI, TIBOR (Hg.): Das Herz der Sterne (Nordafrika, Westafrika, Ostafrika, Zentralafrika, Südafrika, Madagaskar). Budapest: Corvina, 1968.

KARLINGER, FELIX (Hg.): Inselmärchen des Mittelmeeres. Düsseldorf-Köln: Diederichs, 1960.

KARLINGER, FELIX (Hg.): Märchen der Welt. 5 Bde. München: Deutscher Taschenbuch Verlag, 1978-1980.

KARLINGER, FELIX (Hg.): Märchen griechischer Inseln und Märchen aus Malta. [München, 1979.] Reinbek bei Hamburg: Rowohlt Taschenbuch Verlag, 1993.

KERBELYTE, BRONISLAVA (Hg.): Litauische Volksmärchen. Berlin/OST: Akademie-Verlag, 1978.

KINDL, ULRIKE (Hg.): Märchen aus den Dolomiten. München: Diederichs, 1992.

KOOI, JURJEN VAN DER, und MEERBURG, BABS A. GEZELLE (Hg.): Friesische Märchen. München: Diederichs, 1993.

KOVÁCS, ÁGNES (Hg.): Ungarische Volksmärchen. [1966.] Reinbek bei Hamburg: Rowohlt Taschenbuch Verlag, 1994.

KRETSCHMER, PAUL (Hg.): Neugriechische Märchen. Jena: Diederichs, 1919.

KRIZA, JÁNOS: A csókalányok. [Die Dohlenmädchen.] Budapest: Móra, 1972.

KRONENBERG, ANDREAS, und KRONENBERG, WALTRAUD (Hg.): Nubische Märchen. Düsseldorf-Köln: Diederichs, 1978.

KUHR, UWE (Hg.): Arabische Märchen aus Syrien. Frankfurt am Main und Leipzig: Insel, 1993.

LAUDE-CIRTAUTAS, ILSE (Hg.): Märchen der Usbeken. Köln: Diederichs, 1984.

LAUTERBACH, Werner: Sagenbuch des Erzgebirges. Friedrichsthal: Altis, 2003. 2., erweiterte Aufl.

LESKIEN, AUGUST (Hg.): Balkanmärchen. Aus Albanien, Bulgarien, Serbien und Kroatien. Jena: Diederichs, 1915.

LINTUR, P. V. (Hg.): Ukrainische Volksmärchen. Berlin/Ost: Akademie-Verlag, 1972.

LÖPELMANN, MARTIN: Erinn. Alte irische Märchen und Geschichten. Brünn, München, Wien: Rohrer, 1944.

MÄRCHEN DER EUROPÄISCHEN VÖLKER. Siehe unter: VON PRINZEN, TROLLEN UND HERRN FRO.

MÄRKER, ALEXANDER (Hg.): Märchen aus Mallorca. Frankfurt am Main: Fischer Taschenbuch Verlag, 1992.

MASSENBACH, SIGRID VON (Hg.): Es war einmal. Märchen der Völker. Baden-Baden: Holle, 1958.

MEGAS, GEORGIOS A. (Hg.): Griechische Volksmärchen. Düsseldorf-Köln: Diederichs, 1965.

MEIER, ERNST: Deutsche Sagen, Sitten und Gebräuche aus Schwaben. Stuttgart: Metzler'sche Buchhandlung, 1852.

MEIER, ERNST: Deutsche Volksmärchen aus Schwaben. [Stuttgart, 1852.] Hildesheim und New York: Olms, 1977.

MELL, MAX (Hg.): Alpenländisches Märchenbuch. Volksmärchen aus Österreich. Ausgewählt und mit einem Geleitwort versehen von ... Wien: Amandus-Edition, 1946.

MERKEL, JOHANNES (Hg.): Löwengleich und Mondenschön. Orientalische Frauenmärchen. Zürich: Unionsverlag,1994.

MERKELBACH-PINCK, ANGELIKA: Lothringer Volksmärchen. Düsseldorf-Köln: Diederichs, 1961.

MERKELBACH-PINCK, ANGELIKA: Volkserzählungen aus Lothringen. Münster Westf., Aschendorff, 1967.

MILIOPULOS, PARASKEVOS I.: Mazedonische Märchen. Hamburg: Cram, de Gruyter & Co., 1951.

MYKYTIUK, BOHDAN (Hg.): Ukrainische Märchen. Düsseldorf und Köln: Diederichs, 1979.

NĚMCOVÁ, BOŽENA: Das goldene Spinnrad und andere tschechische und slowakische Märchen. Leipzig und Weimar: Kiepenheuer, 1990.

NĚMCOVÁ, BOŽENA: Der König der Zeit. Slowakische Märchen. Bratislava: Mladé letá, 1978.

NEUMANN, SIEGFRIED (Hg.): Mecklenburgische Volksmärchen. Berlin/Ost: Akademie-Verlag, 1973.

NICULESCU, RUXANDRA (Hg.): Omul de piatră. Basmele călătoriilor în timp. [Der steinerne Mann. Die Märchen von Zeitreisen.] Bukarest: Minerva, 1976.

OGNJANOWA, ELENA (Hg.): Bulgarische Märchen [Leipzig, 1987.] Frankfurt am Main und Leipzig: Insel, 1992.

OLESCH, REINHOLD (Hg.): Russische Volksmärchen. Düsseldorf-Köln: Diederichs, 1959.

ORTOLI, J. B. FRÉDÉRIC: Die Steinsuppe. Märchen und Geschichten aus Korsika. [Leipzig, 1979.] Zürich: Unionsverlag, 1996.

ORTUTAY, GYULA (Hg.): Ungarische Volksmärchen. [Berlin/Ost, 1957.] Budapest: Corvina, 1980. 6., berichtigte Aufl.

PETZOLDT, LEANDER (Hg.): Deutsche Volkssagen. München: Beck, 1970.

PETZOLDT, LEANDER (Hg.): Märchen aus Österreich. [München: Diederichs, 1991.] Lizenzausgabe für die Buchgemeinschaft Donauland Kremayr & Scheriau, Wien, die Bertelsmann Club GmbH, Gütersloh u.a. O.J.

PEUCKERT, WILL-ERICH (Hg.): Schlesische Kinder- und Hausmärchen. Stuttgart: Brentano, 1953.

PFEIFER, VALENTIN (Hg.): Spessart-Sagen. Aschaffenburg: Pattloch, 1961. 3., ergänzte Aufl.

POP RETEGANUL, ION: Poveşti ardeleneşti. Basme, legende, snoave, tradiţii şi povestiri. [Siebenbürgische Erzählungen. Märchen, Sagen, Schwänke, Bräuche und Geschichten.] [Bukarest, 1943.] Bukarest: Minerva, 1986.

RAMSCHARAN, PRAHLAD (Hg.): Vom Blumenlager der Prinzessin Tschandrawati. Indische Volksmärchen aus Mauritius. Leipzig: Philipp Reclam jun., 1988.

RANGE, JOCHEN D. (Hg.): Litauische Volksmärchen. Düsseldorf-Köln: Diederichs, 1981.

RANKE, KURT (Hg.): Schleswig-Holsteinische Volksmärchen. Aus den Sammlungen der Kieler Universitätsbibliothek, der Schleswig-Holsteinischen Landesbibliothek und des Germanistischen Seminars der Universität Kiel. 3 Bde. Kiel: Hirt, 1955-1962.

RAUSMAA, PIRKKO-LIISA, und SCHELLBACH-KOPRA, INGRID (Hg.): Finnische Volksmärchen. Augsburg: Bechtermünz [Weltbild], 1998.

RECHEIS, KÄTHE (Hg.): Sagen aus Österreich. Wien: Ueberreuter, 1970.

REIFFENSTEIN, INGO (Hg.): Österreichische Märchen. Düsseldorf-Köln: Diederichs, 1979.

RITTERSHAUS, ADELINE: Die neuisländischen Volksmärchen. Ein Beitrag zur vergleichenden Märchenforschung. Halle a. Saale: Niemeyer, 1902.

RÖLLEKE (Hg.): Das große deutsche Sagenbuch. Düsseldorf: Patmos und Albatros, 2001.

SCHELL, OTTO: Bergische Sagen. Elberfeld: Martini & Grüttefien, 1922. Zweite, vermehrte Aufl.

SCHIER, KURT (Hg.): Schwedische Volksmärchen. Augsburg: Bechtermünz [Weltbild], 1998.

SCHLEICHER, AUGUST: Litauische Märchen, Sprichworte, Rätsel und Lieder. [Weimar, 1857.] Hildesheim und New York: Olms, 1957.

SCHMIDT, SIGRID: Tiergeschichten in Afrika. Erzählungen der Damara und Nama. (In der Reihe „Afrika erzählt", Bd. 4.) Köln: Köppe, 1966.

SCHNELLER, CHRISTIAN: Märchen und Sagen aus Wälschtirol. Ein Beitrag zur deutschen Sagenkunde. [Innsbruck, 1867.] Hildesheim und New York: Olms, 1976.

SCHOTT, ARTHUR, und SCHOTT, ALBERT: Rumänische Volkserzählungen aus dem Banat. Märchen, Schwänke, Sagen. [Stuttgart und Tübingen, 1845.] Bukarest: Kriterion, 1971.

SCHULLERUS, PAULINE: Rumänische Volksmärchen aus dem mittleren Harbachtal. Bukarest: Kriterion, 1977.

SCHÜTZ, JOSEF (Hg.): Die Glücksuhr. Volksmärchen aus Jugoslawien. Recklingshausen: Bitter, 1978.

SERAUKY, CHRISTA (Hg.): Der Streit mit Kalunga. Märchen aus Angola. Leipzig und Weimar: Kiepenheuer, 1988.

ŞERB IOAN (Hg.): Legende despre flori şi păsări. [Legenden von Blumen und Vögeln.] Bukarest: Minerva, 1990.

ŞERB IOAN (Hg.): Tinereţe fără bătrîneţe şi viaţă fără de moarte. Basme populare româneşti. [Jugend ohne Alter und Leben ohne Tod. Rumänische Volksmärchen.] Bukarest: Editura pentru literatură, 1961.

SEVASTOS, M., und GĂMULESCU, D. (Hg.): Basme sîrbo-croate. [Serbo-kroatische Märchen.] Bukarest: Editura pentru literatura universală, 1965.

SHELESNOWA, IRINA: Estnische Märchen. Tallinn: Perioodika, 1984.

SIROVÁTKA, OLDŘICH (Hg.): Tschechische Volksmärchen. Düsseldorf-Köln: Diederichs, 1969.

SOUPAULT, RÉ (Hg.): Französische Märchen. Düsseldorf-Köln: Diederichs, 1963.

SPIES, OTTO (Hg.): Türkische Märchen. München: Diederichs, 1967.

STAMER, BARBARA (Hg.): Märchen von Dornröschen und dem Rosenbey. Frankfurt am Main: Fischer Taschenbuch Verlag, 1991.

STĂNCESCU, D.: Sur-Vultur. Basme culese din gura poporului român. [Grau-Adler. Märchen aus dem Munde des rumänischen Volkes.] Bukarest: SAECULUM I. O: 2000.

STEPHANI, CLAUS: Zipser Mära und Kaßka. Marburg: Elwert, 1989.

STROEBE, KLARA (Hg.): Nordische Volksmärchen. 2 Bde. Jena: Diederichs, 1919 und 1922.

TIETZ, ALEXANDER: Märchen und Sagen aus dem Banater Bergland. Bukarest: Kriterion, 1974.

TIETZ, ALEXANDER: Wo in den Tälern die Schlote rauchen. Ein Lesebuch. Bukarest: Literaturverlag, 1967.

TOLSTOJ, A. N.: Russische Volksmärchen. Bearbeitet von ... [Moskau, 1946.] Berlin/Ost: SWA-Verlag, 1949. [Die Sammlung erschien 1975 stark gekürzt unter dem Titel „Märchen aus Russland" im Fischer Taschenbuch Verlag.]

UFFER, LEZA (Hg.): Rätoromanische Märchen. Düsseldorf-Köln: Diederichs, 1973.

USBEKISCHE VOLKSMÄRCHEN. [Moskau, 1981.] Moskau: Raduga, 1984.

UTHER, HANS-HÖRG (Hg.): Deutsche Märchen und Sagen. Digitale Bibliothek, Bd. 80. Berlin: Directmedia, 2003.

UTHER, HANS-JÖRG (Hg.): Europäische Märchen und Sagen. Digitale Bibliothek, Bd. 110. Berlin: Directmedia, 2004.

UTHER, HANS-JÖRG (Hg.): Märchen vor Grimm. Augsburg: Bechtermünz [Weltbild], 1998.

VERNALEKEN, THEODOR: Mythen und Bräuche des Volkes in Österreich. Als Beitrag zur deutschen Mythologie, Volksdichtung und Sittenkunde. Wien: Braumüller, 1859.

VIIDALEPP, RICHARD (Hg.): Estnische Volksmärchen. Berlin/Ost: Akademie-Verlag, 1980. [Die Sammlung wurde 1990 unter demselben Titel im Diederichs-Verlag München veröffentlicht.]

VON PRINZEN, TROLLEN UND HERRN FRO. Märchen der europäischen Völker. Rheine in Westfalen. [Eine Reihe von Bänden mit Märchen in der Originalsprache und in deutscher Übersetzung.] Ab 1956 im Jahresrhythmus herausgegeben von der Gesellschaft zur Pflege des Märchengutes der europäischen Völker. Seit 1965 unter dem Titel „Begegnung der Völker im Märchen. Unveröffentlichte Quellen".

WAIBEL, MAX: Das große Buch der Walser Sagen. Frauenfeld, Stuttgart, Wien: Huber, 2010.

WISSER, WILHELM: Plattdeutsche Volksmärchen. 2 Bde. Jena: Diederichs, 1914 und 1927. [Das erste Buch erscheint 1927 als Band I der zweibändigen Ausgabe mit dem Untertitel „Ausgabe für Erwachsene"; das zweite Buch erscheint mit dem Untertitel „Neue Folge".]

WOELLER, WALTRAUD (Hg.): Deutsche Volksmärchen. Leipzig: Insel, 1985.

WOELLER, WALTRAUD (Hg.): Deutsche Volksmärchen von arm und reich. [Berlin/Ost, 1959.] Berlin/Ost: Akademie-Verlag, 1970.

WOYCICKI, K. W.: Volkssagen und Märchen aus Polen. Breslau: Priebatsch [1920].

ZAUNERT, PAUL (Hg.): Deutsche Märchen aus dem Donaulande. Jena: Diederichs, 1926.

ZAUNERT, PAUL (Hg.): Deutsche Märchen seit Grimm. 2 Bde. Jena: Diederichs, 1912 und 1923.

Zitierte Grimm'sche Märchen

KHM 1 „Der Froschkönig oder der eiserne Heinrich"
KHM 3 „Marienkind"
KHM 12 „Rapunzel"
KHM 17 „Die weiße Schlange"
KHM 20 „Das tapfere Schneiderlein"
KHM 22 „Das Rätsel"
KHM 26 „Rotkäppchen"
KHM 36 „Tischchendeckdich, Goldesel und Knüppelausdemsack"
KHM 50 „Dornröschen"
KHM 52 „König Drosselbart"
KHM 53 „Sneewittchen"
KHM 54 „Der Ranzen, das Hütlein und das Hörnlein"
KHM 60 „Die zwei Brüder"
KHM 64 „Die goldene Gans"
KHM 68 „De Gaudeif un sien Meester"
KHM 69 „Jorinde und Joringel"
KHM 88 „Das singende, springende Löweneckerchen"
KHM 91 „Dat Erdmänneken"
KHM 92 „Der König vom goldenen Berg"
KHM 93 „Die Rabe"
KHM 94 „Die kluge Bauerntochter"
KHM 97 „Das Wasser des Lebens"
KHM 106 „Der arme Müllerbursch und das Kätzchen"
KHM 108 „Hans mein Igel"
KHM 114 „Vom klugen Schneiderlein"
KHM 133 „Die zertanzten Schuhe"
KHM 155 „Die Brautschau"
KHM 156 „Die Schlickerlinge"
KHM 166 „Der starke Hans"
KHM 191 „Das Meerhäschen"

Märchentypen aus dem
Aarne-Thompson-Katalog

Als der Finne Antti Aarne um 1900 sein Verzeichnis der Märchentypen verfasste, lagen die Erkenntnisse von Wladimir Propp noch in weiter Ferne. Deshalb wechseln in dem mit „Zaubermärchen" überschriebenen Abschnitt (Nr. 300 bis 749) die Brauchtumsmärchen in bunter Folge mit solchen, die erfunden worden sind wie … die Geschichte von Hänsel und Gretel – die Reise ins Land der Unsterblichen – die Abenteuer von Goldmarie und Pechmarie – das Märchen vom Tischleindeckdich – die Komödie mit dem gestiefelten Kater – die Sage vom Bad im Drachenblut – die Fabel vom Mann, der die Sprache der Tiere verstand.

Aus Bewunderung für das Sammelwerk der Brüder Grimm benannte der Finne etliche Typen nach bekannten Texten aus den „Kinder- und Hausmärchen".

Aarnes Verzeichnis wurde zweimal von Stith Thompson überarbeitet und ergänzt (1928 und 1961).

AT 222 „Der Krieg der fliegenden und der vierfüßigen Tiere"
AT 300 „Der Drachentöter"
AT 300 A „Der Kampf an der Brücke" (auch registriert als AT 328 A* „Drei Brüder befreien die von Drachen geraubten Gestirne")
AT 301 „Die drei geraubten Königstöchter", auch bekannt als „Die Prinzessinnen in der Unterwelt". Der Typus umfasst drei Untertypen. (Die verbreitete Bezeichnung *Bärensohnmärchen* trifft nur auf AT 301 B zu.)
AT 301 A „Die Suche nach den verschwundenen Prinzessinnen".
[Drei Handwerker oder drei Soldaten oder die Drillinge Abendrot, Mitternacht und Morgenrot machen sich auf die Suche.]
AT 301 B „Die außerordentlichen Gesellen".
[Hier beginnt die Handlung oft mit den Abenteuern eines Kraftmenschen, die auch das Thema eigenständiger Überlieferungen bilden, man hat diese zum Märchentypus AT 650 A „Der starke Hans" zusammengefasst. (In der Enzyklopädie des Märchens" gelten sie als

Schwänke.) Zuweilen ist die Geschichte vom Starken Hans auf kurze Mitteilungen zusammengeschrumpft; wir hören etwa, dass der Held von einem Tier geboren bzw. gesäugt wird, wundersam heranwächst und eine Kraftprobe leistet. In der portugiesischen Variante „Sohn einer Eselin"[292] hören wir bloß, dass er ein Findelkind ist und von allen *Sohn einer Eselin* genannt wird.

Während seiner Wanderung durch die Welt begegnet der Kraftmensch der Reihe nach zwei, seltener drei Riesen, von denen jeder einer besonderen, ausgefallenen Beschäftigung nachgeht, und verbündet sich mit ihnen. Diese Riesen sind Abbilder von Fachleuten der Späten Bronzezeit. Im zweiten Teil des Märchens werden die Gefährten des Helden von einem Quälgeist überfallen, der sie martert, so wie die Zöglinge der Buschschule gemartert worden sind. Bei der Verfolgung des Quälgeistes gelangt der Kraftmensch in die Unterwelt, wo er die geraubten Königstöchter befreit.]

AT 301 C „Der Apfelbaum des Königs".

[Ein Unhold stiehlt regelmäßig die goldene Frucht vom Apfelbaum des Königs; endlich gelingt es dem jüngsten Königssohn, den Dieb zu verwunden. Die Blutspuren führen die drei Prinzen zum Eingang der Unterwelt. In einer belorussischen und in einer estnischen Variante vergreift sich der Unhold am Vieh des Königs. (Im AT-Katalog nicht enthalten, aber im Typenverzeichnis von Diether Röth vermerkt.)]

AT 302 „Das Herz des Unholdes im Ei"

AT 302 C „Dienst um ein Zauberpferd"

AT 303 „Die zwei Brüder"

AT 303 A „Sechs Brüder suchen sieben Schwestern zu Frauen"

AT 306 „Die zertanzten Schuhe"

AT 310 „Die Jungfrau im Turm"

AT 311 „Von der Schwester gerettet"

AT 313 „Der dem Teufel versprochene Königssohn" (zuweilen eingeleitet durch AT 222 „Der Krieg der fliegenden und der vierfüßigen Tiere" und/oder AT 537 „Die magische Schatulle")

---

[292] Sohn einer Eselin (AT 301 B). In: HARRI MEIER und DIETER WOLL (Hg.): Portugiesische Märchen. S. 152-155.

AT 314 „Goldener"

AT 325 „Der Zauberer und sein Schüler"

AT 326 „Der Knabe, der das Fürchten lernen wollte"

AT 327 A „Hänsel und Gretel"

AT 329 „Die Versteckwette"

AT 333 „Rotkäppchen"

AT 361 „Der Bärenhäuter"

AT 400 „Der Mann auf der Suche nach seiner verschwundenen Gattin"

AT 402 „Die Katze als Braut"

AT 403 „Die weiße und die schwarze Braut"

AT 405 „Jorinde und Joringel".

[Der Anfang des gleichnamigen Grimm'schen Märchens (KHM 69) stimmt mit dem des flämischen Märchens von Janneken und Mieken und der Zauberhexe Peetje Loo überein. Offenbar war den Brüdern Grimm nichts von der Existenz der flämischen Überlieferung bekannt, denn sie gaben als Quelle die Lebensgeschichte von Heinrich Jung-Stilling an. In Mecklenburg wurde eine Variante aufgezeichnet.[293]

Mit dem Grimm'schen Märchen nah verwandt ist eine rumänische Legende von der Herkunft der Lilie, nur wird das Mädchen von der Zauberin hier in einen Vogel, dort in eine Blume verwandelt.[294]]

AT 407 „Das Mädchen als Blume"

AT 409 B* „Dem ungeborenen Sohn wird eine Fee versprochen"

AT 410 „Dornröschen"

AT 413 „Heirat durch Kleiderdiebstahl"

AT 425 A „Amor und Psyche"

AT 425 B „Der entzauberte Gatte und die Aufträge der Hexe"

---

[293] Die verzauberte Braut (AT 405). In: SIEGFRIED NEUMANN (Hg.): Mecklenburgische Volksmärchen. S. 146-147.

[294] Janneken und Mieken und die Zauberhexe Peetje Loo (AT 405). In: A. M. A. COX-LEICK und H. L. COX (Hg.): Märchen der Niederlande. S. 58-60. – Legenda crinului. In: TONY BRILL (Hg.): Legendele florei. S. 93-94. – Auch enthalten In: IOAN ŞERB (Hg.): Legende despre flori şi păsări. S. 35-36.

AT 425 C „Die Schöne und das Tier"

AT 425 E „Der verzauberte Gatte singt ein Wiegenlied"

AT 432 „Der Prinz als Vogel"

AT 433 B „König Lindwurm"

AT 440 „Der Froschkönig"

AT 441 „Hans mein Igel"

AT 461 „Drei Haare vom Barte des Teufels"

AT 480 „Das gute und das schlechte Mädchen"

AT 502 „Der wilde Mann"

AT 507 A „Die Braut des Hexenmeisters"

AT 510 A „Aschenputtel"

AT 513 A „Die wunderbaren Helfer"

AT 513 B „Das zu Wasser und zu Lande fahrende Schiff"

AT 516 „Der getreue Johannes"

AT 518 „Teufel (Riesen) streiten um Wünscheldinge"

AT 530 „Die Prinzessin auf dem Glasberg"

AT 545 „Der gestiefelte Kater"

AT 545 A „Das Katzenschloss"

AT 551 „Das Wasser des Lebens"

AT 554 „Die dankbaren Tiere"

AT 560 „Der Zauberring"

AT 566 „Die drei Wünscheldinge und die wunderbaren Früchte", auch bekannt als „Fortunatus"

AT 567 „Der Zaubervogel"

AT 569 „Der Ranzen, das Hütlein und das Hörnlein"

AT 571 „Kleb an! Die Königstochter zum Lachen bringen"

AT 590 „Der Prinz und die Armreifen"

AT 590 A „Die verräterische Ehefrau"

AT 612 „Die drei Schlangenblätter"

AT 650 A „Der starke Hans"

AT 650 C „Das Bad im Drachenblut"

AT 670 „Der Mann, der die Sprache der Tiere verstand"

AT 673 „Der Schlangenesser"

AT 709 „Schneewittchen"

AT 710 „Marienkind"

AT 850 „Die Körpermale der Prinzessin"
AT 851 „Die Rätselprinzessin"
AT 851 A „Turandot"
AT 852 „Das ist eine Lüge!"
AT 853 „Redekampf mit der Prinzessin"
AT 875 „Die kluge Bauerntochter"
AT 882 „Die Wette über die Treue der Gattin"
AT 900 „König Drosselbart"
AT 901 „ Der Widerspenstigen Zähmung"
AT 921 „Antwort in Rätseln".
AT 927 „Das Halslöserätsel"
AT 930 „Der reiche Mann und sein Schwiegersohn"
AT 981 „Die Abschaffung der Altentötung"
AT 1049 „Bäume fällen" bzw. „Wasser holen" u.a.
AT 1062 „Um die Wette werfen"
AT 1164 „Die Alte in der Grube"
AT 1365 „Streitsüchtige Weiber"
AT 1377 „Die ungetreue Frau"
AT 1383-1385 „Das dumme Weib Aluta"
AT 1408 „Der Mann macht die Arbeit der Frau"
AT 1452 „Die Käseprobe"
AT 1453 „Der Schlüssel im Spinnrocken"
AT 1453*** „Teig unter den Fingernägeln"
AT 1455 „Als Bettler bei der Zukünftigen"
AT 1533* „Den Vogel teilen""
AT 1640 „Das tapfere Schneiderlein"
AT 1641 „Doktor Allwissend"
AT 1920 „Der Lügenwettkampf"

Märchen mit vertauschten Rollen:

AT 303 A „Sechs Brüder suchen sieben Schwestern zu Frauen". In einer Überlieferung aus Schleswig-Holstein wollen sieben Schwestern nach Männern Ausschau halten, die Brüder sind.[295]

AT 311 „Von der Schwester gerettet". Es gibt eine französische Variante mit drei Brüdern, sie heißt „Die sprechende Hand"[296].

AT 313 „Der dem Teufel versprochene Königssohn". In der Grimm'schen Variante „Die wahre Braut"[297], die aus der Oberlausitz stammt, und in der ungarischen Variante „Teufels-Hänschen"[298] soll ein Mädchen „schwere Aufgaben" erledigen.

AT 314 „Goldener". In der rumänischen Variante „Ellenbart"[299] leben im Anwesen der Zauberer-Gestalt ein Knabe und ein Mädchen. Sie fliehen zusammen mit Hilfe des sprechenden Pferdes.

AT 326 „Der Knabe, der das Fürchten lernen wollte". In der Tiroler Überlieferung „Das Totenköpflein"[300] beweist ein Mädchen seine Standhaftigkeit.

---

[295]   Text ohne Titel. In: KURT RANKE (Hg.): Schleswig-Holsteinische Volksmärchen. Bd. 1, S. 103-104.

[296]   Die sprechende Hand. In: RÉ SOUPAULT (Hg.): Französische Märchen (1963). S. 138-145.

[297]   Die wahre Braut. KHM 186.

[298]   Ördög-Jánoska [Teufels-Hänschen]. In: ELEK BENEDEK: Benedek Elek összes meséi. Bd. 2, S. 286-291.

[299]   Tartacot [Ellenbart]. In: D. STĂNCESCU: Sur-Vultur. S. 254-258. Die Zauberer-Gestalt trägt hier den Namen des Quälgeistes aus AT 301, eine Maske, hinter der sich vermutlich ein Gehilfe des Stammeszauberers und Schulleiters verbarg.

[300]   Das Totenköpflein. In: PAUL ZAUNERT (Hg.): Deutsche Märchen aus dem Donaulande. S. 236-237.

AT 361 „Der Bärenhäuter". Im Tiroler Märchen „Die faule Katl"[301] darf sich ein Mädchen sieben Jahre lang weder waschen noch kämmen und nichts Warmes essen.

AT 400 „Der Mann auf der Suche nach seiner verschwundenen Gattin". Bei der Standardform erlöst ein männlicher Held in den sogenannten *Qualnächten* durch standhaftes Verhalten eine verzauberte Jungfrau. In einem niederösterreichischen und in einem oberösterreichischen Märchen fällt die Rolle des Erlösers einem Mädchen zu; es errettet durch standhaftes Verhalten eine verzauberte Frau (Allmählich weiß[302]) bzw. einen verwunschenen Jüngling (Vom verwunschenen Prinzen[303]). Im schlesischen Märchen „Die erlöste Schlange"[304] und im polnischen Märchen „Die Krähe"[305] errettet ein Mädchen einen verzauberten Prinzen. Desgleichen im slowakischen Märchen „Die Rosenknospe"[306].

AT 425 A „Amor und Psyche". Im rumänischen Märchen „Die Fee der Feen"[307] wird nicht die Tierhaut des verwunschenen Helden vor der Zeit verbrannt, sondern die Tierhaut der verwunschenen Heldin samt den Tierhäuten ihrer sechs Dienerinnen. Sie treten zunächst als Eulen in Erscheinung. Die junge Frau verschwindet, und der Held muss sie suchen. – Ein Fischer überlässt seinen Sohn einem schwarzen Mann, der

---

[301]   Die faule Katl. In: PAUL ZAUNERT (Hg.): Deutsche Märchen seit Grimm. Bd. 1, S. 369-371.

[302]   Allmählich weiß. In: THEODOR VERNALEKEN: Mythen und Bräuche des Volkes in Österreich. S. 125-129.

[303]   Vom verwunschenen Prinzen. In: KARL HALLER (Hg.): Volksmärchen aus Österreich. S. 6-11. – Auch enthalten in: MAX MELL (Hg.): Alpenländisches Märchenbuch. S. 56-60.

[304]   Die erlöste Schlange. In: KARL HALLER (Hg.): Volksmärchen aus Österreich. S. 109-111.

[305]   Die Krähe. In: K. W. WOYCICKI: Volkssagen und Märchen aus Polen. S. 82-83.

[306]   Die Rosenknospe. In: BOŽENA NĚMCOVÁ: Der König der Zeit. S. 29-33.

[307]   Zîna zînelor [Die Fee der Feen]. In: PETRE ISPIRESCU: Legende sau basmele românilor. S. 196-202.

ihn dreimal mit Goldstücken aufwiegt. Dieser Mann führt Frederik in ein Schloss, vor dem zwei Löwen Wache halten. Dort legt sich Nacht für Nacht eine Frau in Frederiks Bett, doch darf er diese nicht sehen (Das schwarze Schiff[308], dänisch). – Ein armer Holzfäller überlässt seinen Sohn einer Schlange, die beiden ein glückliches Leben verspricht. Die Schlange führt Antonio in einen unterirdischen Palast. Dort legt sich nachts jemand zu Antonio, aber er darf kein Licht machen (Das Schloss mit den Klapptüren[309], spanisch).

AT 451 „Das Mädchen, das seine Brüder sucht". In einem deutschen Märchen aus Schlesien zieht der Bruder aus, um die vermisste Schwester zu suchen. Er findet sie mit dreizehn anderen Mädchen in einem Saal des verwunschenen Schlosses (Bruder und Schwester oder Die finstere Welt[310]).

AT 675 „Der faule Bursche". In der polnischen Überlieferung „Der verzauberte Hecht"[311] hilft der dankbare Fisch einem Mädchen.

AT 923 „Lieb wie Salz". In der türkischen Erzählung „Teuer wie Salz"[312] fragt ein Padischah seine *Söhne,* wie sie ihn lieben, und verstößt dann den jüngsten. So auch in der burmesischen Erzählung „Speisen, die einem König gemäß sind"[313].

---

[308]   Das schwarze Schiff. In: HEINZ BARÜSKE (Hg.): Dänische Märchen. S. 309-316.

[309]   A csapóajtós kastély [Das Schloss mit den Klapptüren]. In: LAJOS BOGLÁR (Hg.): A három narancs palotája. S. 94-99.

[310]   Bruder und Schwester oder Die finstere Welt. In: WILL-ERICH PEUCKERT (Hg.): Schlesische Kinder- und Hausmärchen. S. 151-158. – Unter dem Titel „Bruder und Schwester" enthalten in: PAUL ZAUNERT (Hg.): Deutsche Märchen seit Grimm. Bd. 1, S. 406-410.

[311]   Der verzauberte Hecht. In: VIERA GAŠPARÍKOVÁ, JAROMÍR JECH, HELENA KAPEŁUŚ, PAUL NEDO (Hg.): Die gläserne Linde. S. 170-172.

[312]   Teuer wie Salz. In: SEVGI AĞCAGÜL und ELISABETTA RAGAGNIN (Hg.): Türkische Volksmärchen. S. 168-174.

[313]   Speisen, die einem König gemäß sind. In: ANNEMARIE ESCHE (Hg.): Märchen der Völker Burmas. S. 22-26.

AT 930 „Der reiche Mann und sein Schwiegersohn". Im englischen Märchen „Der Fisch und der Ring"[314] sträubt sich ein Baron, im rumänischen Märchen „Der Spruch der Schicksalsfrauen"[315] sträubt sich der Grüne Kaiser gegen die Heirat *des Sohnes* mit einem armen Mädchen.

---

[314]   Der Fisch und der Ring. In: KATHARINA BRIGGS und RUTH MICHAELIS-JENA (Hg.): Englische Volksmärchen. S. 36-39.
[315]   Cuvîntul ursitoarelor [Der Spruch der Schicksalsfrauen]. In: ION POP RETEGANUL: Poveşti ardeleneşti. S. 244-247.